REIGLE
GENERALLE
D'ARCHITECTVRE,
DES CINQ MANIERES DE

colonnes, à fçauoir, Tufcane, Dorique, Ionique,
Corinthe & Compofite, à l'exemple de l'anti-
que fuiuant les reigles & doctrine
de Vitruue.

REVEVE ET CORRIGEE PAR MONSIEVR
DE BROSSE Architecte du Roy.

SECONDE ET DERNIERE EDITION.

6 ot

A PARIS,

En la boutique de Hierosme de Marnef.

Chez Andre Sittart, au Mont Sainct Hilaire, à l'enseigne
du Pelican.

M. DC. XIX.
AVEC PRIVILEGE DV ROY.

ſ.

1988

A MONSEIGNEVR

MONSEIGNEVR DE

SCEAVX, CONSEILLER DV ROY

en ses Conseils d'Estat, & Secretaire de ses
commandemens & ordres.

ONSEIGNEVR,

Cet œuure du feu sieur BVLLANT, *à present reueuë, corri-
gée, augmentée & mise en meilleur ordre qu'auparauant par
Monsieur* DE BROSSE *Architecte du Roy, estant maintenant destinée à vne seconde & plus belle Edition. Celuy qui la
conduict soubs la presse, s'estant remis à moy de la desdier à qui
bon me sembleroit: Je me suis ingeré de la vous presenter, & luy faire veoir dere-
chef la lumiere soubs les auspices de la vostre, sçachant que comme elle est la plus
claire & la plus belle de celles qui paressent dans le Ciel de la France: Qu'aussi illu-
minant cet œuure, elle y donneroit des clartez bien plus viues & plus releuées,
rendant ce loüable & admirable labeur, (bien que grandement estimable de soy-
mesme) encore dauantage recommandable, quand il auroit pour frontispice celuy de
vostre loüable & incomparable vertu. J'ay aussi plusieurs fois oüy dire (Monseigneur) que c'estoit vne tres-signalée prudence à celuy qui se mesloit de desdier quelque
œuure digne de loüange, de sçauoir bien choisir vne personne toute pleine de gloire
& de merite. C'est pourquoy desirant suiure ce dire, i'ay faict eslection de la vostre,
comme l'ayant trouuée la plus digne à qui ie peusse desdier ceste reigle generalle de
l'Architecture des cinq manieres de colonnes, tant pource que ie sçay que vous estes
grandement amateur de ce diuin art, duquel vous recherchez curieusement le plan
de la perfection. Qu'aussi pour parler auec verité, ie puis dire y auoir esté douce-
ment forcé, par ces merueilles qui reluisent en vous, & qui rendent vostre nom si recommandable, que la posterité le reuerera tousiours au temple de la memoire, comme
estant aussi veritablement digne d'vn los immortel, ie sçay bien (Monseigneur) que
cet œuure est plus propre & vtile à ceux qui trauaillent à l'esquierre & au compas
qu'aux personnes de vostre qualité, plus propre (dis-je) à ces Artisans ou ingenieux*

ã ij

qui veulent imiter la perfection de ces anciens Architectes qu'à ceux qui comme vous n'ont besoing de ces si curieuses recherches, qu'entant que leur loüable curiosité les portent à la cognoissance de tout, pour n'ignorer rien se rendre aussi capable de tout. Mais ie veux dire que ce qui me l'a faict vous desdier oultre la cognoissanca que i'ay eüë, que vous seul l'a meritiez, par vos infinis merites, ce n'a esté à autre intention que pour vous diuertir & entretenir quelquesfois vostre esprit aux heures que retiré de la presse des affaires, où vos grandes charges vous appellent, vous desirerez l'occuper dans les curiositez de cet ancien Autheur, de la maniere de ces cinq grandes belles & admirables colonnes, Tuscane, Dorique, Ionique, Corinthe & Composite, affin que considerant les merueilles qui s'y rencontrent, vous admiriez aussi les effets miraculeux de ce noble & vertueux art d'Architecture, dont la science est si grandement belle, qu'elle doit estre ornée, comme dit ce grand Architecte Uitruue, de plusieurs disciplines & de diuerses eruditions, d'autant que par le iugement de celle-là, sont examinez les ouurages de tous les Artisans: Vostre esprit capable de tout ce qui se peut comprendre icy bas, pourra treuuer de la matiere assez ample en ceste science, comme il faict aux autres pour s'occuper & se recreér: Ie le sçay, & certain ie puis dire auec verité que se paradisant dans le Ciel des delices de cet œuure, vous l'estimerez grandement, & loüerez infiniement le gentil esprit de son Autheur, qui bien que mort, enterré ne laisse de reuiure dans l'immortalité de sa gloire, & dans les cœurs des plus curieux. Ie sçay encores qu'ayant pris la hardiesse de vous offrir ce qui n'estoit deu à autre qu'à vous, vous me ferez aussi cet honneur de l'accepter auec ceste mesme franchise & courtoise bonté, que vous auez accoustumé de monstrer à ceux qui comme moy desirent, vous presentant quelque chose, demeurer eternellement

MONSEIGNEUR,

Vostre tres-humble & tres-obeyssant seruiteur
N. Pilovst.

AV LECTEVR.

MY LECTEVR, ceste reigle generale d'Architecture des cinq manieres de colonnes, à sçauoir Tuscane, Dorique, Ionite, Corinthe, & Composite, cy-deuant mise en lumiere par le feu sieur BVLLANT Architecte grandement estimé, estant maintenant plus recherchée, que lors que son Autheur la fist mettre la premiere fois souz la presse; comme estant aussi extrémement necessaire pour l'vtilité publique. Monsieur SITTART marchant Libraire, heritier aussi bien des vertus de ses Ayeulx, que de la gloire qu'ils ont acquis en l'impression de tant & si belles œuures, dont ils ont esté si soigneusement curieux, Ayans fait faire les figures, que tu pourras voir en ce present labeur, desirant n'en frustrer le public : a voulu luy donner ceste seconde Edition; Mais auparauant comme l'vn de ses inthimes amis, il m'a prié d'en reuoir le discours, le corriger & le pollir mieux qu'il n'estoit auparauant, affin d'y donner la grace & l'ornement que merite vn si noble & admirable trauail. Ce que i'ay faict le mieux qu'il m'a esté possible. Mais apres iugeant que le merite de cet œuure n'estoit seulemét en la fluidité du discours : ains plustost en la disposition & agencement des figures, qui n'estoient nullement selon leur ordre, aucunes estans meslées, comme de ce qui est de la Tuscane auec de la Composite, & ainsi des autres : l'ay prié Monsieur de Brosse Architecte du Roy, & l'vn des plus beaux esprits de ceux qui se meslent à present de l'Architecture, de vouloir prendre la peine de reuoir & cotriger le deffaut qui y pouuoit estre, & le rendre en estat digne de t'estre offert, ce que sa courtoisie m'ayant accordé. Ie puis dire que maintenant ie te l'offre comme en sa perfection, & de plus desirant te complaire en tout, affin que tu m'estime extrémement complaisant aux esprits, qui comme le tien sont curieux. I'ay bien voulu t'enseigner en ce discours que i'ay façonné sur le stile de Vitruue, toutes les perfections & sciences qu'il faut qu'ayent ceux qui se veullent mettre au nombre des bons Architectes, & se rendre comme estoient ces tant renommez, Iocondes, Leon Baptiste Albert, Budé, Phillander, Sebastien Selio, Goujon, & les mesmes Vitruue, Bullant & du Cerceau, affin que n'ignorant ce qu'il est necessaire de sçauoir, tu tache de la perfectiôner le plus qu'il te sera possible. Premierement il faut qu'vn bon Architecte, soit grandement bien versé és lettres, tant Hebraïques, Grecques que Latines, affin qu'en lisant souuent, il puisse dauantage fortifier sa memoire, & se la rendre l'vne des plus belles & plus fermes de son temps. Il faut auec cela, qu'il sçache parfaictement bien pourtraire, voire s'il se pouuoit aussi bien peindre qu'vn autre Appelles, d'autant que par ce moyen, il pourra bien plus facilement par ces desseins ou figures representer toutes formes ou sortes d'ouurages, dont il sera requis, comme aucunesfois en telles occurrences, il est besoing de designer, suiuant les fantaisies de ceux qui veulent faire construire quelque somptueux & admirable edifice. Il faut encore qu'il soit sçauant en la geometrie, autant, voire plus que celuy-là mesmes qui l'a inuenté, affin que par la bonne disposition des lignes, il sçache l'vsage du compas, par le moyen duquel auec plus de facilité sont expediées les descriptions des edifices sur les terrasses & plattes-formes, & aussi par lequel se font plus iustement les conduites & directions des traicts, pour les conduire à reigle & au niueau. Outre ce, il est besoin qu'il sçache bien la perspectiue, d'autant que c'est le vray moyen d'entendre, comme il peut donner iour aux edifices, & le faire venir de certaines parties du Ciel. Il faut aussi qu'il soit bon Arithmeticien, pour ce que par ce moyen il pourra bien tost & auec vne grande facilité dresser vn compte de tout ce qu'il faut aux bastimens; & ainsi il se peut exempter, d'vne insupportable longueur qu'il y auroit en vne autre façon. Que s'il se peut, il ne faut pas qu'il ignore aussi les Histoires, & la cause, la voicy. Ayant designé plusieurs enrichissemens en son œuure, il faut qu'il en sçache bien rendre les raisons, d'où & de qui tire, l'origine des desseins preparez, ; car autrement luy demandant que veut dire cecy, ou cela, ne le

ã iij

pouuant veritablement dire, ce luy feroit vne honte, digne de fon ignorance: Pource qui eſt de la Philoſophie, il eſt neceſſaire qui la ſçache auſſi; car elle le peut rendre plus conſommé, plus plein de courage, moins arrogant, traictable, modeſte, iuſte, loyal & liberal. Nul Archite-cte ne pouuant rendre vne œuure parfaicte, s'il n'eſt fidel & libre de ſa conſcience, Pour la Mu-ſique, il faut auſſi qu'il l'entende, par ce qu'il ne ſçauroit faire des engins mouuans & reſonnans en l'au, n'y autres ſemblables leurs organes, s'il ne ſçait les raiſons de la Muſique. En ce qui eſt de la Medecine, il eſt tres neceſſaire qu'il en ait quelque intelligence: car par ce moyen il pourra diſcerner les Regions ou climats du Ciel, le bon ou le mauuais air des contrées, pour iuger lequel eſt ſalutaire ou dangereux, il eſt encore grandement vtile qu'il ſache les Loix, par ce moyen il pourra decider comme il luy faut baſtir les murailles communes ou moitoyen-nes, aſſeoir les goutieres, & ſçauoir bien percer les feneſtrages pour ne point mettre les voi-ſins en procez apres l'acheuement de ſon edifice. Il faut auſſi qu'il ſache quelque choſe de l'A-ſtrologie: car par ſa cognoiſſance, il ſçaura où eſt l'Orient, l'Occident, le Septemtrion, le Mi-dy, les mouuemens du Ciel, l'equinoxe, le ſolſtice, & le cours des eſtoilles, & milles autres choſes neceſſaires en ce noble art de l'Architecture. Voyla (cher Lecteur) ce qu'il faut que ſa-che vn Architecte pour eſtre parfaict, Ce n'eſt pas qu'il ny en puiſſe auoir ſans toutes ſes ſcien-ces: mais ie t'aſſeure qu'ils le ſeroient encores d'auantage les ayans, ou au moins quelque peu d'intelligence de chacunes   ADIEV.

SONNET.
ACROSTICHE A LA LOVANGE
du sieur Piloust, par vn de
ses amis.

N ature t'a faict naistre vnique de ces cieux,
I uppin t'a departy sa celeste puissance,
C omme son messager sa mignarde eloquente,
O rphée la douceur d'vn chant melodieux.

L a chaste Athenienne voulut quitter les cieux,
A ffin de te guider sur le mont de science,
S es Muses t'ont chery & mis dedans leur dance,
P hœbus t'a couronné du l'aurier glorieux.

I e n'ay donc point voulu cognoissant ton merite
L e laisser en oubly, comme chose petite,
O u ma muse empescher d'escrire en ta faueur.

V oy lisant ce Sonnet de tes vertus l'image,
S ois tousiours icy bas au temple de l'honneur,
T u auras à la fin le ciel pour heritage.

M. D.

á iiij

TVSCANE.   DORIQVE.   IONIQVE.

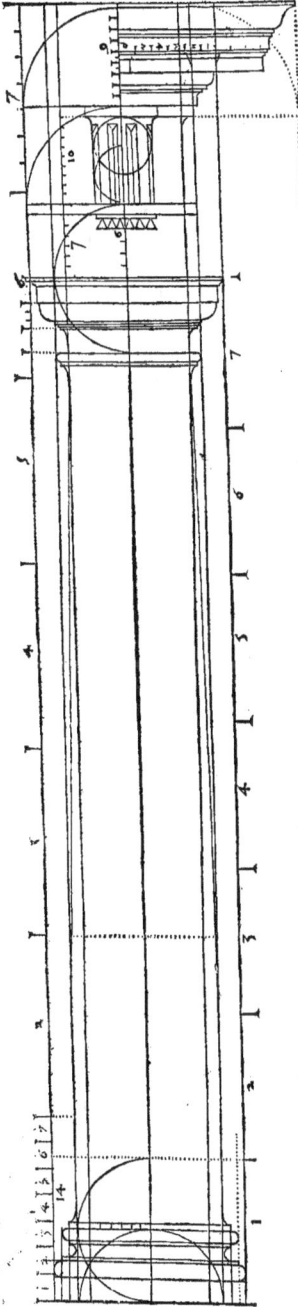
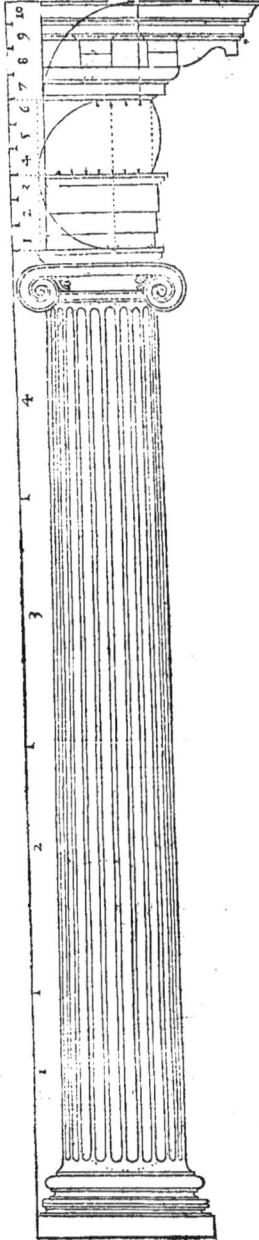
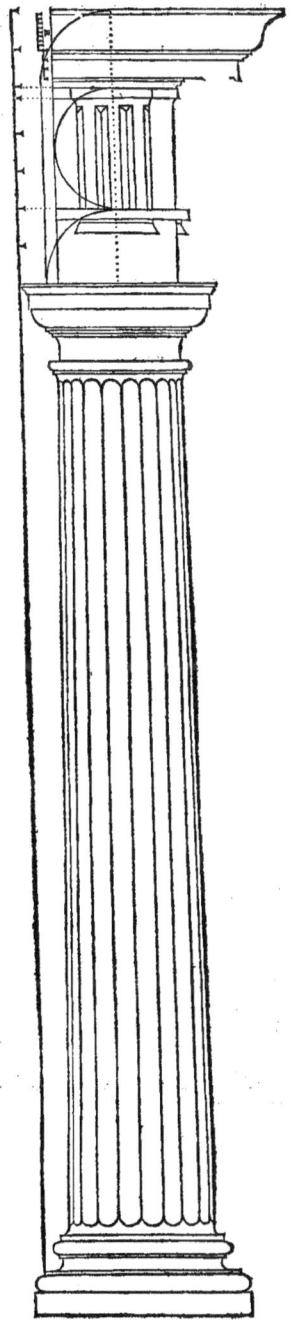

LA premiere & plus anciÃ©nne Colonne qui eÅ¿t plus forte & plus durable Ã la peine & quils reÅ¿iÅ¿tent d'auantage Ã la vieilleÅ¿Å¿e, fut appellÃ©e Dorique. Elle fut premierement, inuentÃ©e d'vn prince nommÃ© Dorus fils d'Hellen & de la Nymphe Optique, il regna iadis en AchaÃ¯e, & tenoit auÅ¿Å¿i tout le paÃ¯s de PeloponneÅ¿Å¿e. Ce prince edifia en Argos(ville treÅ¿anciÃ©ne)vn Temple Ã la deeÅ¿Å¿e Iuno, lequel de fortune fut faiÃ§t Ã la mode que nous diÅ¿ons Dorique. Apres en d'autres citez d'Achaie en furent baÅ¿tis de Å¿emblables, n'eÅ¿tant encores trouuÃ©e la raiÅ¿on des Å¿ymmetres. Mais apres que les AtheniÃ©s par les reÅ¿ponÅ¿es de l'oracle d'Apollo en l'iÅ¿le de Delphes, etirÃ©t auec le cÃ³mun conÅ¿enteÅ¿mÃ©t de toute la Grece, menÃ© pour vne fois en AÅ¿ie treze troupes ou Colonies de nouueaux habitÃ¢s, & Ã chaÅ¿cune ordonnÃ© certains Ducz ou Capitaines pour les gouuerner, la Å¿ouueraine authoritÃ© fut baillÃ©e Ã Ion Å¿ilz de Xuthus & CreÃ¼Å¿a;lequel ce meÅ¿me Dieu Apollo auoit pareillement en Å¿es oracles aduoÃ¼Ã© pour Å¿on Å¿ilz. CeÅ¿tuy-la print la charge de cÃ³duire ces Colonies en AÅ¿ie, oÃ¹ il occupa incÃ³tinent les frÃ³tieres de Carie, & y baÅ¿tit dÃ¨s citez magnifiques, comme EpheÅ¿e, Milete, MyumÃ¨te(qui depuis fut abiÅ¿mÃ©e en Mer, & de laquelle iceux IonÅ¿ens annexerent Ã celle de Milete le tÃ©porel, & les choÅ¿es Å¿acrÃ©es Prien, SÃ¡os, Teos, ColophÃ³, Chius, ErythrÃ©e, PhocÃ©e, Clayomene, Lebede, & Melite, qui auÅ¿si par le commun accord de toutes ces Citez fut entierement deÅ¿truiÃ§te & miÅ¿e bas, par guerre Å¿igniÅ¿iÃ©e Ã iour prefix, Ã l'occaÅ¿ion de l'arrogance & temeritÃ© de Å¿es habitans : puis en Å¿on lieu par l'interceÅ¿Å¿ion du Roy Attalus & de la Royne ArÅ¿inoÃ©, la ville de Smirne fut receuÃ« entre les Ioniennes. Ayant donc les citoyens de ces citez chaÅ¿Å¿Ã© Ã force d'armes les Cariens & LeleÂgues, peuples barbares de longtemps reÅ¿idans en ces pays, les victorieux appellerent la contrÃ©e Ionie, du nom de leur Å¿ouuerain : puis y edifierent aucuns Temples pour honorer les Dieux & Å¿ingulierement Apollo Panioniçs, l'edifice duquel fut conduit Ã la Å¿emblance de celuy qu'ils auoiÃ©t veu en AchaÃ¯e, & pour ceÅ¿te raiÅ¿on le nommerent Dorique.

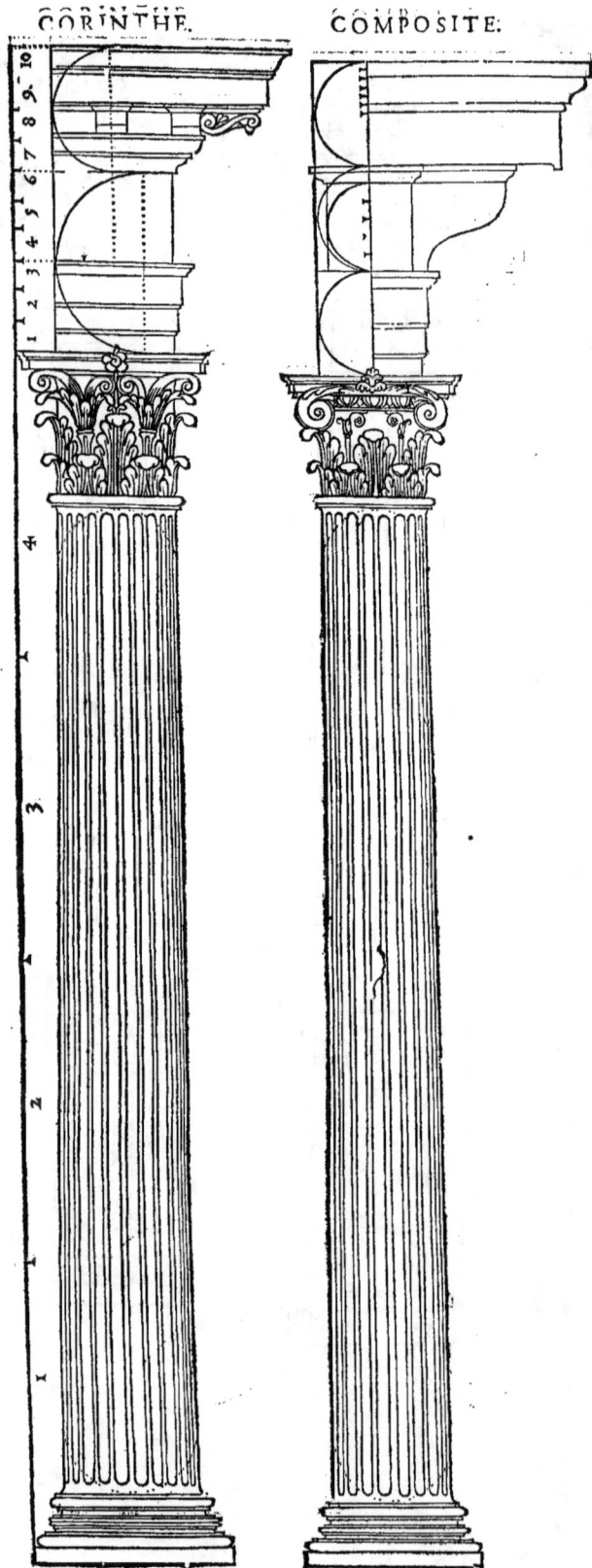

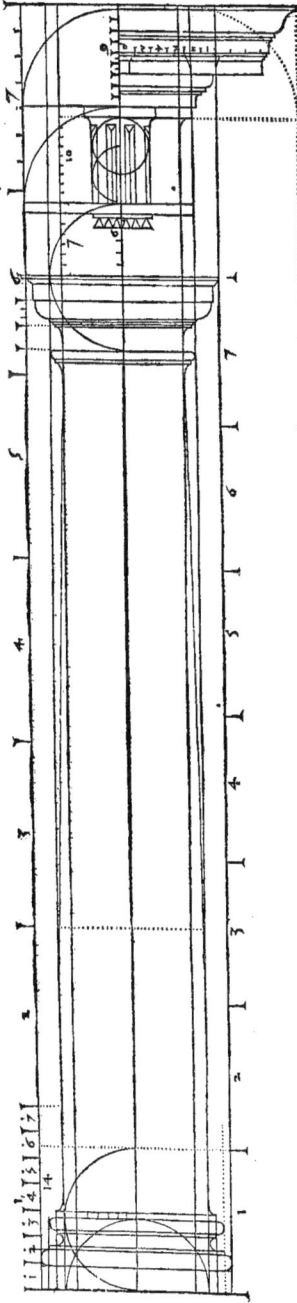

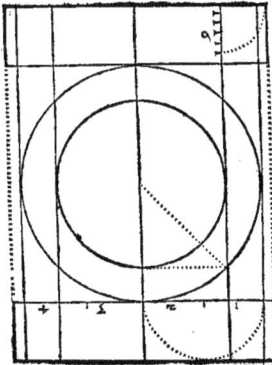

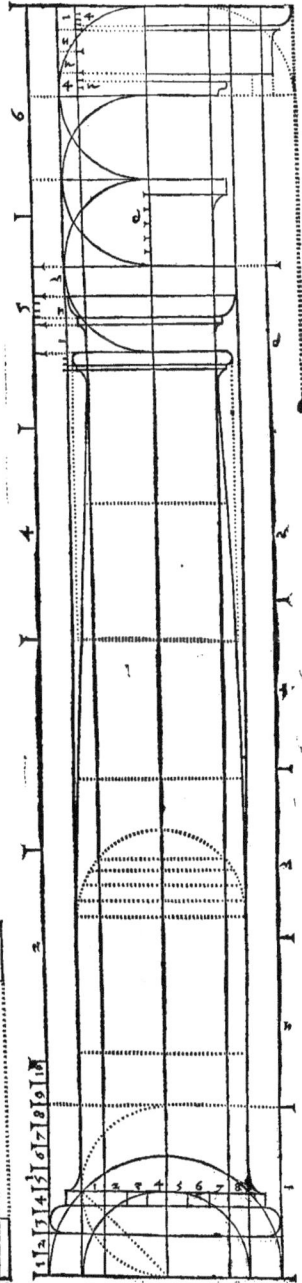

Or est-il que quand ils y voulurent dresser des colonnes, ces bon-
nes gens ne sçachans quelles symme-
tries, ils leur deuoient donner, prin-
drent leurs mesures dessus le corps
de l'homme, & trouuerent que depuis l'vn de ses costez iusques à l'autre, c'estoit la sixiesme partie de sa
longueur: & que depuis le nombril
iusques aux reins, cela faisoit vne di-
xiesme: chose que noz expositeurs
des sainctes lettres ayant bien obser-
ué, estimerent que l'arche faicte au
temps du Deluge, fut comprise sur
la figure de l'homme. Et peult estre
que les ouuriers qui vindrent puis
apres, ordonnerent que les mesures
d'icelles leurs colonnes seroient faictes en sorte, que les vnes auroient
six fois la haulteur de leur empietement, & les autres dix. Mais par apres
aduertis par vn instinct naturel, né
en l'entendement de la personne
(par lequel les conuenances s'apper-
çoiuent, ainsi que nous auons dict)
que d'vn costé si grande espoisseur
de colonnes, & d'autre si grande gres
leté, estoient si mal-seantes, reietterët
toutes les deux susdictes manieres:
& à la fin iugerent qu'entre ces deux
extremitez ou exces gisoit la seance
& bonne grace de ces colonnes telles qu'ils la cherchoient: & pour ce
faire en premier lieu suiuirent les A-
rithmeticiens, ioignant ensemble
ces deux extremitez, qui faisoient
seize, puis partirent par la moytié
la somme toute entiere, qui leur fist
veoir par euidence, que le nombre
de huict estoit esgalement distant de
celuy de six, & de dix, puis ensuiuant
cela donnerent à la longueur de la
colonne huict fois le diametre de la

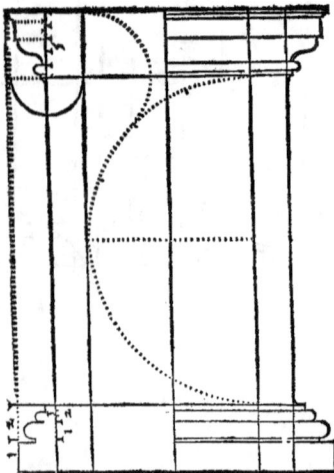

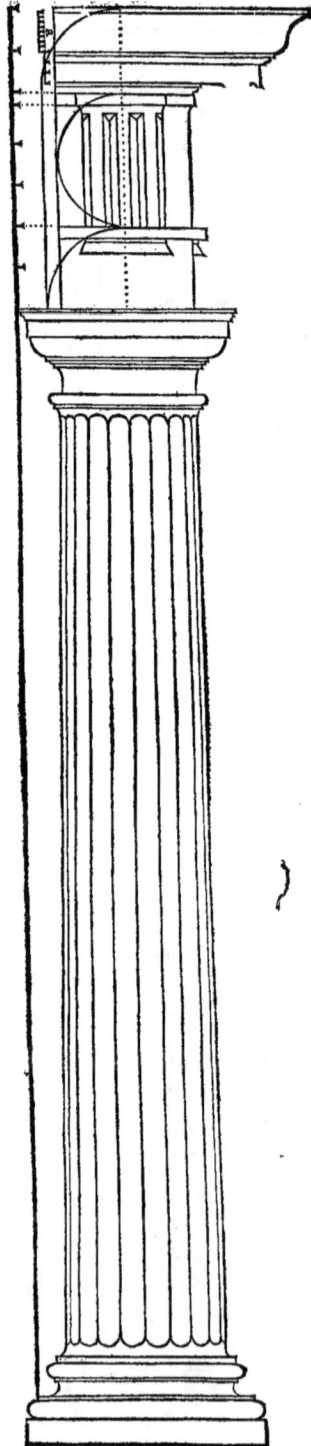

baze, & la nommerent Ionique. Apres
pour r'abiller l'ordre Dorique, appar-
tenant aux edifices de grosse masse, ilz
feirent tout ne plus ne moins. Car le
nombre de six fut par eux adiousté auec
ce huict, si qu'il en proceda quatorze:
lequel se diuisa en parties esgalles, qui
furent sept pour chascune, & l'vn de
ceux-là se donna au bas de la tige Dorique, pour en sextupler la haulteur. Fina-
lement pour proportionner les plus
gresles colonnes qu'ilz nommerent Corinthiennes, ils assemblerent le huict
des Ioniques, auec le dix assignez à cest
ordre, & cela donna dix-huict: qui fut
aussi party en deux, si que c'estoit neuf
pour moytié: lequel nombre fut appli-
qué à la haulteur du corps de la colonne multiplié par soy à son empietement.
Ainsi les Ioniques eurent de long, huict
fois le diametre de leur baze, les Doriques sept, & les Corinthiennes neuf.
Voila comment la colonne Dorique
fut premierement formée sur la proportion de l'homme.

DES PAR-

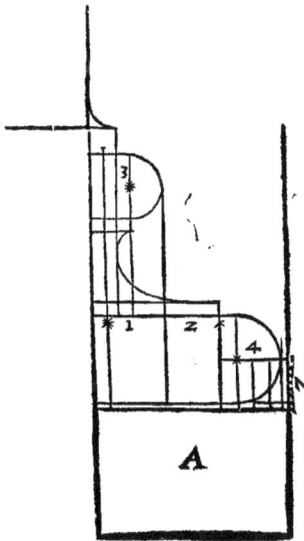

A

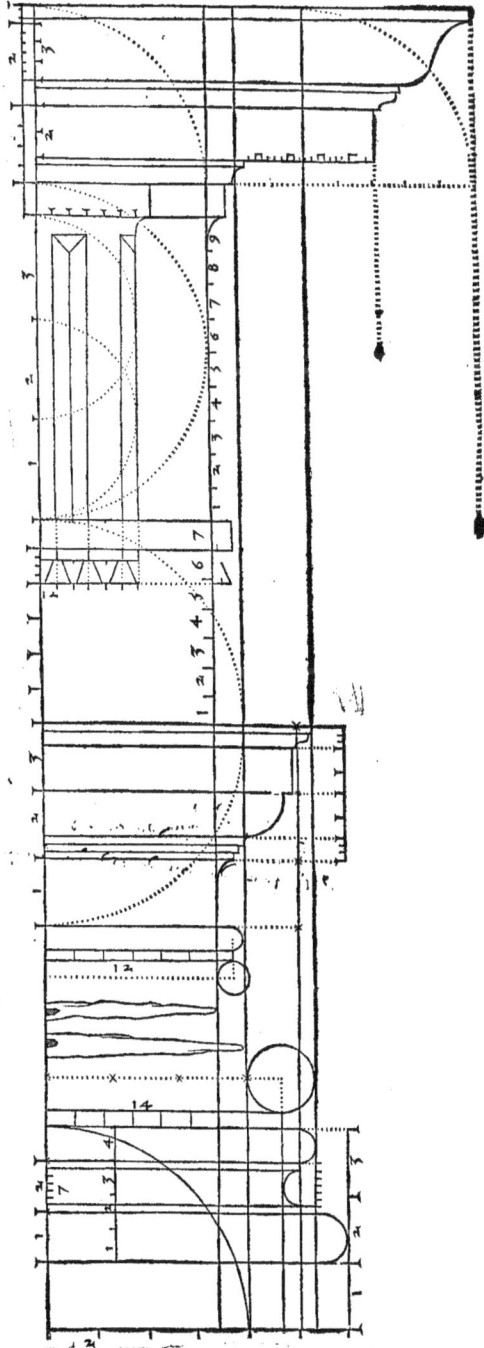

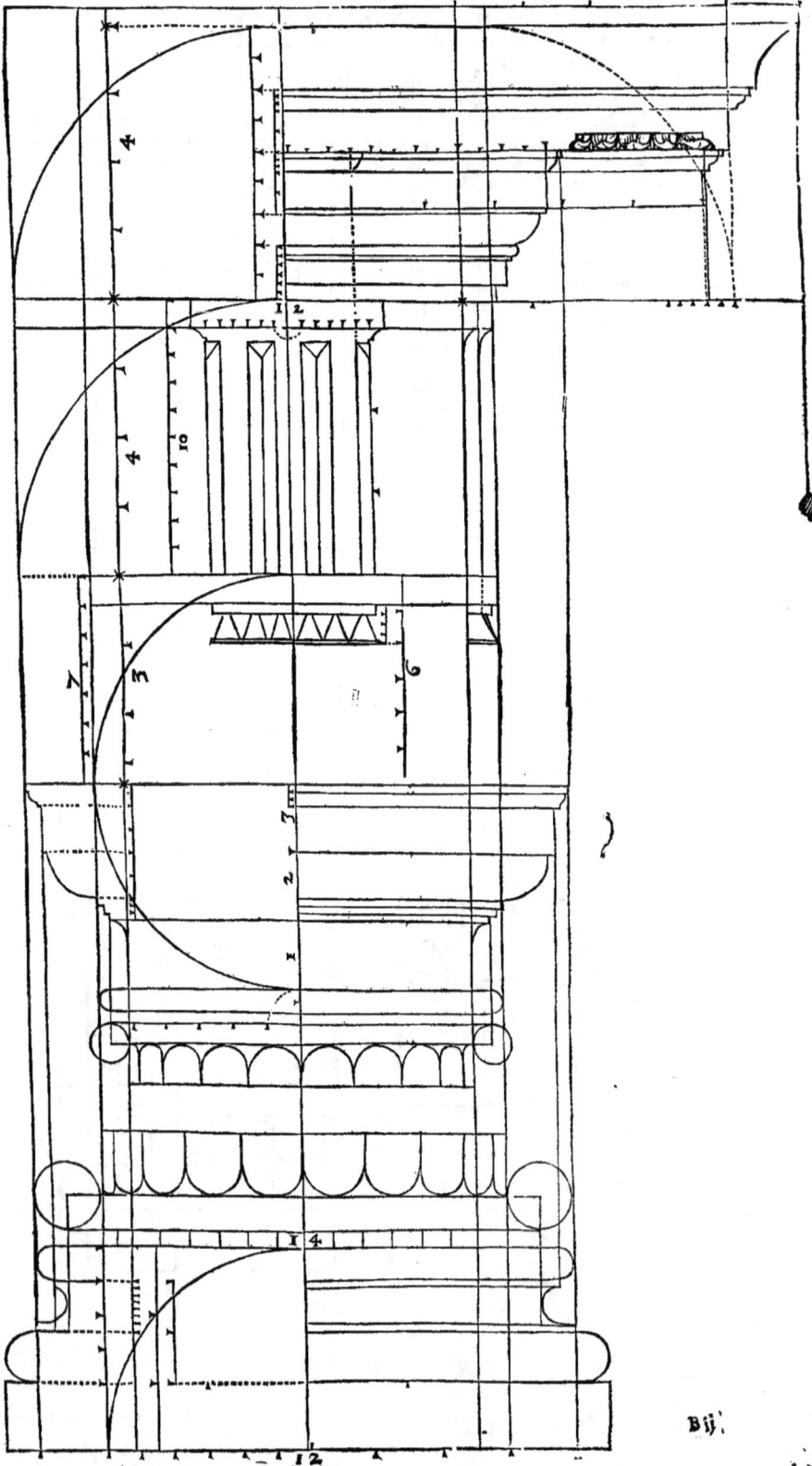

La haulteur de ceſte cou-
lonne. A vnze pieds neuf
poulces trois lignes & demie, y comprins leſtragal
& la liziere d'embas.

Le diametre par bas. Vn
pied cinq poulces ſept lignes.

Le diametre par hault.
Vn pied trois poulces ſept
lignes.

La haulteur de la baſſe.
Neuf poulces trois lignes
& demie.

La haulteur du chapiteau.
Dix poulces vne ligne.

La haulteur de larquitra-
ue. Neuf poulces ſix li-
gnes.

La haulteur de la corni-
che y comprins la liziere
des fiches ou tregliffes. Vn
pied deux poulces vnze lignes.

Ie vous veux bien aduer-
tir que ceſte corniche n'eſt
ainſi enrichie en œuure
comme ie l'ay deſignée en
ceſte figure.

Auſſi ie ne me ſuis voulu
arreſter à vous deſcripre les
haulteurs & ſaillies de chacun membre particulier,
comme ie les ay meſurees:
Mais ſeulement les princi-
palles haulteurs deſdicts
membres, pour plus clai-
rement cognoiſtre la ma-
ieſté de chacun ordre de
ſes excellens Architectes.

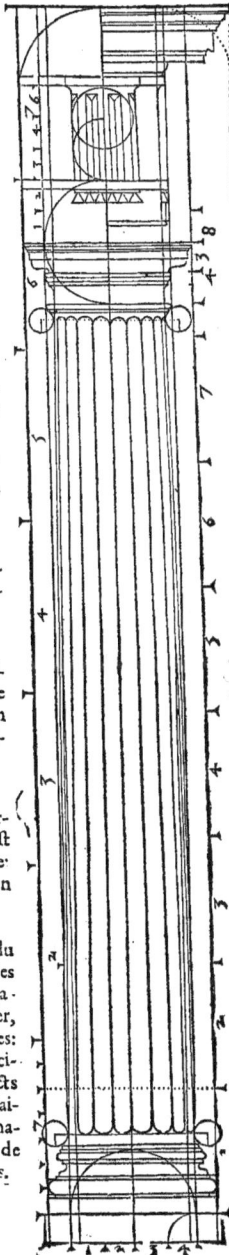

DES PARTIES D'VNE COLONNE,
ENSEMBLE DES CHAPITEAVX,
& de leurs genres.

Vand on a meſuré les interualles , il
fault deſſus y aſſeoir les colonnes qui
doibuent ſouſtenir la couuerture. Et
(certes) il y a grand' difference entre
colonnes & pilaſtres , meſmes encores aux cou-
uertures , à ſçauoir ſi elles ſont par deſſus recou-
uertes d'arches ou d'architraues : car ſans point
de doubte leſdictes arches & pilaſtres ſont pro-
pres aux theatres : & pareillement aux Baſiliques
icelles arches ne ſont pas hors d'eſtime. Mais en
tous les excellens ouurages de temples , on n'y a
point veu iuſques à preſent portiques autres que
trauonnez ou planchez.

Maintenant donc ie veux parler des parties de
la colomne. Premierement il y a le plinthe d'embas, ſurquoy s'aſſiet la baſe, dedás laquelle ſe met
la tige : apres le chapiteau , plus l'architraue , en
qui viennent à poſer les bouts des ſoliueaux ar-
mez d'vne liſiere ou bende platte de moulure : &
encores par deſſus tout cela giſt la corniche , que
les aucuns nôment coronne. Mais commençant
par la deduction des chapiteaux , à cauſe que ce
ſont ceux qui ſont le plus varier les colonnes. Ie
veux auparauant prier tous ceulx qui trãſcriront
ce mien liure, qu'ils mettent tout au long les
nombres, dont en ceſt endroit ie feray mention,
& n'abregent rien par figures ou characteres, ains
ne leur ſoit moleſte d'eſcrire, douze, vingt, quarante : & ainſi des autres, non pas xii. xx. xl. ou
ſemblables en chiffre & abbreuiations.

La neceſſité aprint aux anciens à mettre des
chapiteaux ſur les colónes, à fin que les trenches
des architraues ou ſommiers peuſſent poſer deſſus, & s'y conioindre. Mais au cômencement c'e-
ſtoit vn billot de bois quarré, difforme, & de mau
uaiſe grace. Que (ſi nous voulons croire aux
Grecs) les Doriens premiers inuenterent de faire
quelque ouurage à l'étour, pour vn petit adoucir
ce billot, affin que cela euſt apparence d'vn vaſe
arrondiſſant couuert d'vn couuercle quarré. Et
pource que de prime face il leur ſembla vn peu
trop court, ils luy firent le col plus long. Toſt a-
pres les Ioniés ayant veu les ouurages Doriques,
approuuerét bié ces vaſes pour chapiteaux. Mais
non leur nudité , ny ceſte adionction de col:
ains en leur place y meirent vne eſcorce d'arbre,
laquelle pendoit tant d'vne part que d'autre, & ſe
retournoit comme vne Anſe, pour enrichir les
coſtez de leur vaſe. Conſequemment les Corinthiens ſuccederét , au-moins vn ouurier d'entre-
eulx nommé Callimaque, lequel ne feit comme
les precedens des vaiſſeaux euaſez, mais ſe ſeruit
d'vn eſgayé & de bône hauteur, reueſtu de fueilles tout en tour , pour autant que cela luy pleut,
                        l'ayant

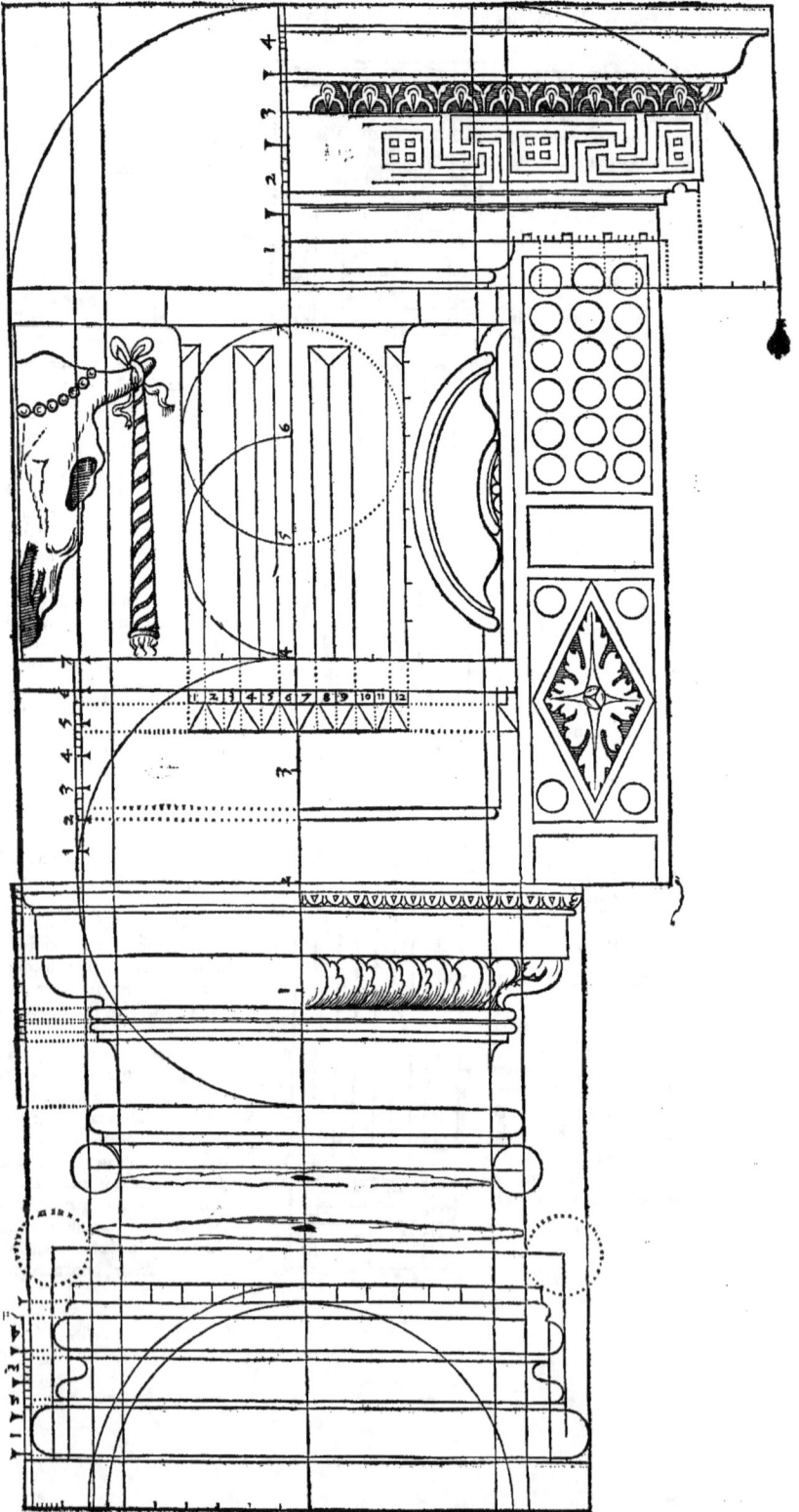

La haulteur de
de ceſte colon-
ne a de hault
vingt - deux
pieds neuf
poulces ſix li-
gnes y compris
leſtragal ou
carcan , & la
plainctte d'em-
bas : ceſte co-
lône n'a point
de baze, côme
voyez.

Le diametre
par bas deux
pieds vnze
poulces ſept li-
gnes.

Le diametre
par hault, deux
pieds quatre
poulces ſix li-
gnes.

La haulteur du
chapiteau vn
pied cinq poul
ces ſix lignes.

La haulteur de
larquitraue vn
pied cinq poul
ces vnze li-
gnes.

La haulteur de
la frize vn pied
dix poulces ſix
lignes.

La haulteur de
de la corniche
y comprins la
liziere des fi-
ches ou treglif
ſes deux pieds
cinq poulces
trois lignes.

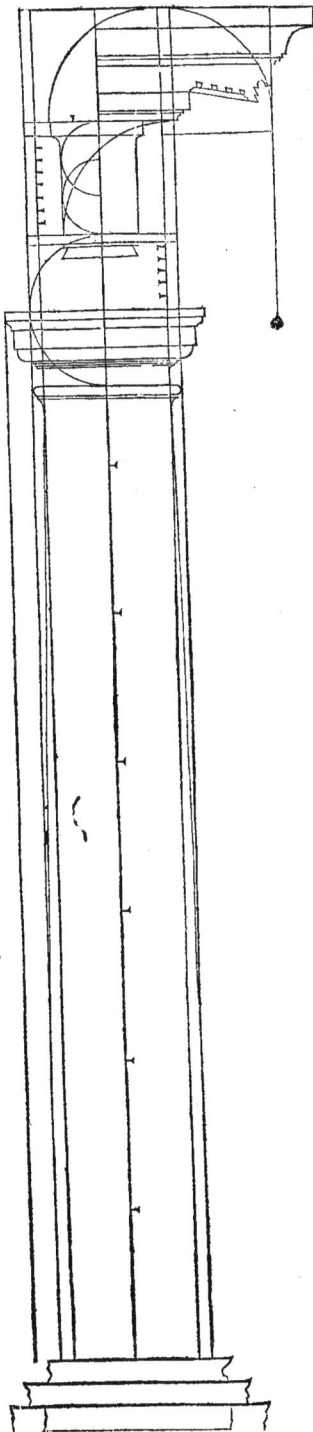

l'ayant ainſi veu ſur le ſepulchre d'vne ieune fille,
ou d'auanture eſtoit percruë vne berbe dicte A-
canthe, antrement Branque vrſine, laquelle reue-
ſtoit tout le corps du vaiſſeau. Trois ſortes donc
de chapiteaux furent en ce poinct inuentées, &
receuës en vſage par les bons ouuriers de ce têps-
la. Ce nonobſtât ie treuue que le Dorique auoit
eſté long temps auparauant practiqué entre les
Ethruſques : mais ie ne m'arreſteray à ſi peu de
choſe, ains ſans plus deſduiray-ie ces trois , à ſçauoir le Dorique, le Ionique, & le Corinthien.

Or d'où pourriez-vous eſtimer que ſoit proce-
dé le grand nombre des autres chapiteaux de formes differentes qui ſe voyêt tous les iours en plu-
ſieurs ouurages? Quant à moy ie crois qu'il n'eſt
venu ſinon que de l'inuention de quelques
beauxe ſprits qui ce ſont trauaillez pour inuêter
des nouueautez : toutefois quoy qu'ils ayêt ſçeu
faire, encores ne s'eſt-il trouué aucune mode que
l'on puiſſe, à bon droit eſtimer, autant que celles
là, ſi ce n'eſt vne que i'oſe bien nommer Italien-
ne, affin que l'on ne penſe que toute la loüange
d'inuention ſoit deuë aux eſttangers. Sans point
de doubte ceſte mode a meſlé auec la ioliueté
Corinthienne, les delices Ioniques : & en lieu des
Antes pendentes a mis des volutes ou cartoches,
tellement qu'il s'en eſt fait vn œuure ſinguliere-
ment agreable, & bien approuué entre tous.

Mais maintenant pour venir aux colônes , ie
dy que pour leur donner grace, les Architectes
ont voulu que ſoubs les chapiteaux Doriques
fuſſent miſes des tiges portantes en leur empietement vne ſeptieſme partie de toute leur lôgueur,
les Ioniques euſſent vne neufieſme, & les Corinthiennes leur huictieſme en diametre par embas.
Souz toutes ces colônes leur plaiſir fut de mettre
des bazes eſgalles en hauteur, toutefois differentes en moulures. Que vous diray-ie plus? tous ces
inuenteurs ont eſté diſſemblables en ce qui con-
cerne les lineamens des parties : mais quant à la
proportion des colônes, ils ſont pour la pluſpart
conuenus enſemble : car tant les Doriés, Ioniens,
que Corinthiens, approuuerent les traicts de co-
lornes, & en ce pareillement ſe ſont ils accordez
enſemble, (en enſuiuant la nature) que les troncs
des colonnes fuſſent tenuz plus menuz par hault
que par bas. D'autres, pource qu'ils entendoient
que les choſes veuës de loing, & (par maniere de
dire) quaſi côme d'vne œillade eſloigné , ſe mô-
ſtrent moindres qu'elles ne ſont , ordonnerent
par meure deliberation que les colonnes haultes
ne fuſſent pas ſi menuës par hault , que les plus
courtes : & à ceſte cauſe fut faict que le diametre
de l'empietement, (ſi la tige doibt auoir quinze
pieds de lôgueur) ſeroit party en douze diuiſions
eſgalles, dont il en fault donner les vnze au bout
d'enhault , & non point d'auantage. Mais ſi elle
eſt de quinze à vingt pieds, il conuient partir le
diametre

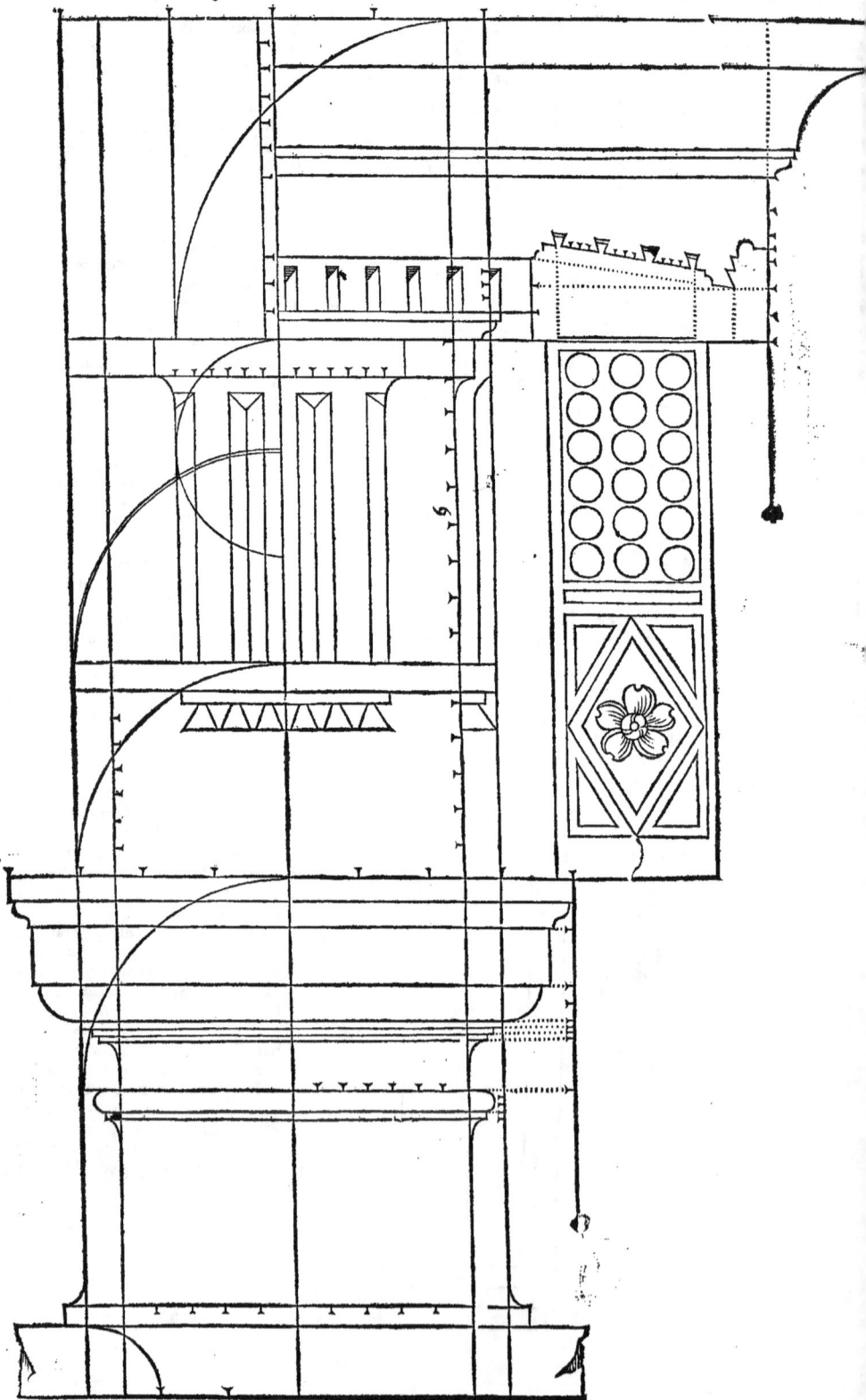

diametre de bas en treze, & en donner les douze au hault. Plus si elle porte de vingt à trente
pieds, ce diametre de l'empietement doibt auoir dix-huict parties, & le bout d'amont seize.
Apres si elle est de trente à quarante pieds, il faudra diuiser le diametre en quinze, & en bail-
ler les treze au bout d'enhault. Outre si elle monte de quarante à cinquante, le diametre
d'embas sera party en huict modules, dont le bout d'enhault en aura sept: & ainsi des autres: car il se faut renger à ce que tant plus la colonne est longue, plus doibt-elle estre grosse
par en hault. Et certes tous les Architectes se sont accordez à cela: toutesfois en mesurant les
bastimens antiques, i'ay trouué que ces reigles n'ont pas esté iustement obseruées. Et neantmoins ie les ay faicts selon les reigles de Vitruue, comme vous verrez cy apres par les figures.

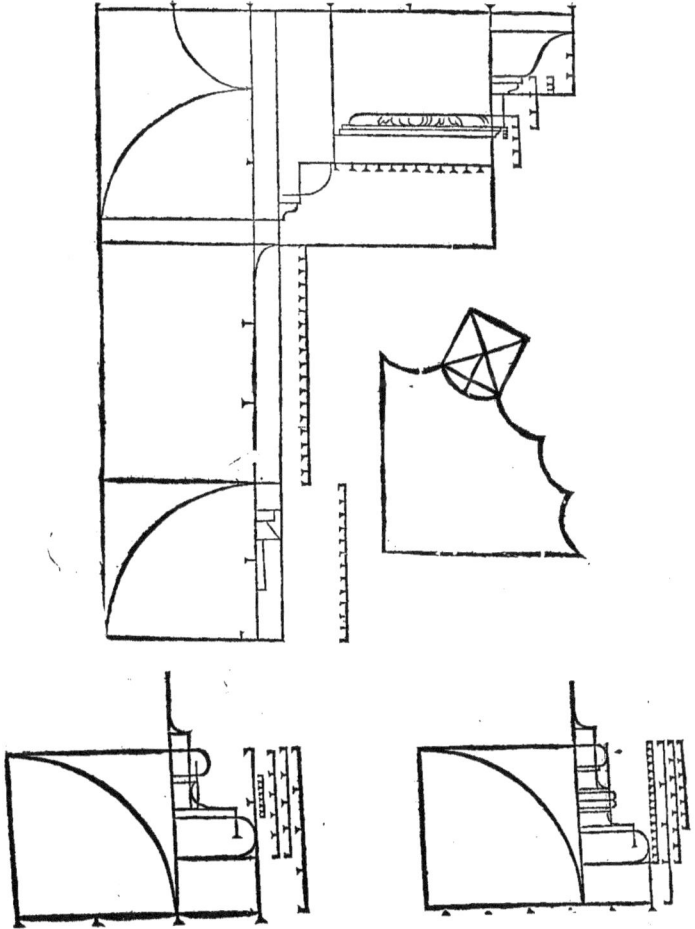

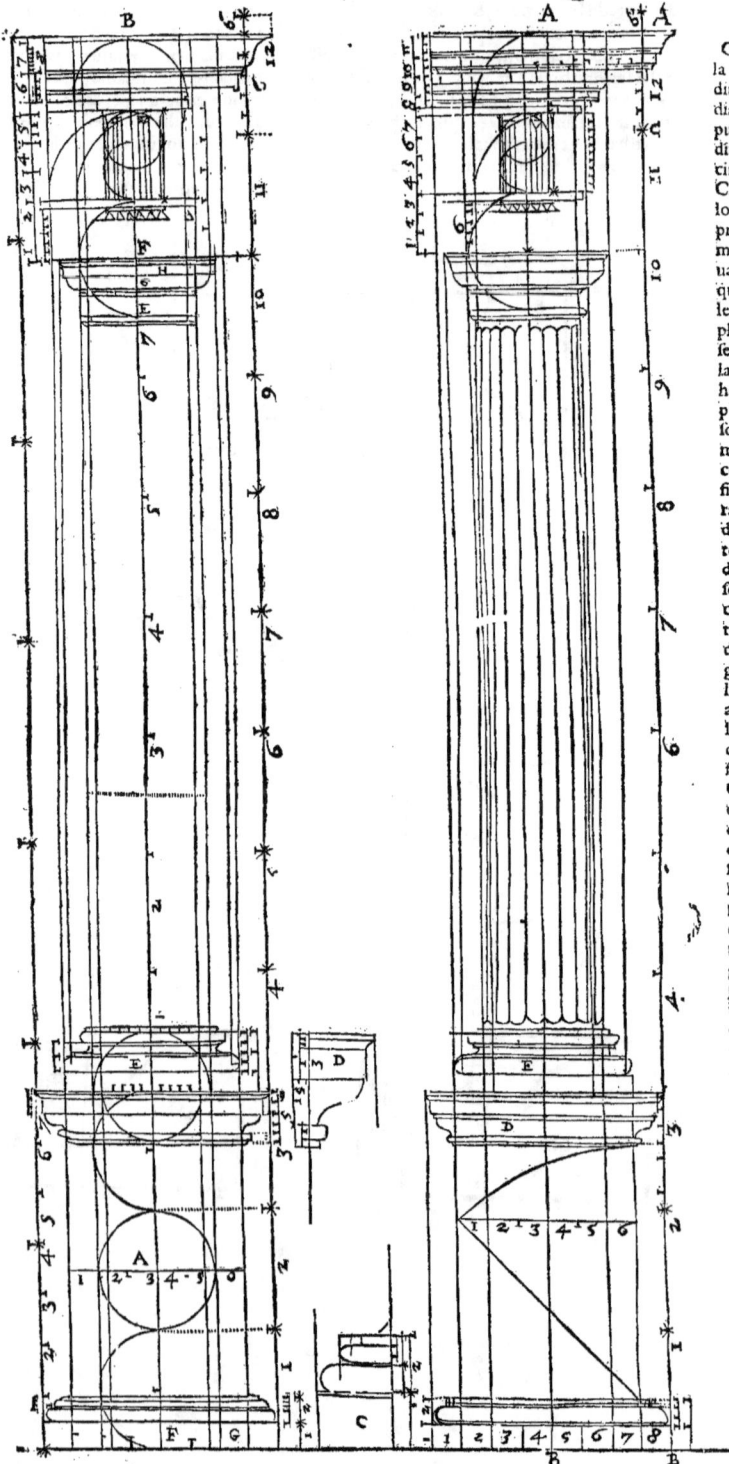

Ceste colonne Dorique y comprin
la stilobate & toutes ses parties, soi
diuisée en douze : vne d'icelles sera le
diametre du troncq de la colonne,
puis la douziesme d'enhault A.C. soit
diuisée en six, reste vnze diametres, &
cinq d'icelles parties du diametre A.
C. Pour lesdictes haulteurs de la colonne: La verge de la colonne y comprins la base & chappiteau à sept diametres de haulteur, comme est cy deuant dict, au texte. Aucunes à l'anti-
que sept & demie, autres huict, selon
les lieux & endroicts qu'ils seront appliquez. Pour auoir le diametre elle
se diuise en autre maniere comme
la Dorique du deuxiesme fueillet : la
haulteur se diuise en sept, sans y comprendre lastilobate. Puis vne d'icelles
soit diuisée en sept parties, cinq & demie font le diametre du troncq de la
colonne par bas, comme voyez par
figure. La mesure de lastilobate se fera en ceste maniere, trois diametres
du troncq de la colonne, sera la haulteur de lastilobate, diuisez la haulteur
de lastilobate en sept pars, vne part
sera pour la base, vne pour la corniche de lastilobate. Partissez le diametre marqué A. en quatre parties, deux
d'icelles auec le diametre font la largeur de lastilobate: comme voyez sur
le diametre A. Puis soit diuisé la base
au poinct B. en deux parties, vne pour
le plinthe, l'autre soit diuisé en trois,
deux pour le tore; la tierce pour le
fillet: l'autre base marquée au poinct
C. soit aussi diuisée en deux parties,
dont l'vne sera le plinthe, la seconde
diuisée en deux, dont l'vne partie soit
donnée au tore d'embas. Et l'autre
soit diuisée en trois, deux pour le tore, la tierce pour le fillet: chascune
saillie soit en son quarré. La corniche de lastilobate au poinct D. soit diuisée en cinq parties, vne pour l'astra-
gale, deux pour la corniche, & deux
pour la plinthe, qu'il fault diuiser en
trois, vne pour la petite cymaise de
dessus le plinthe. Qu'il faut encores
diuiser en trois, deux pour la petite sime, vne pour le fillet au poinct D. La
base de la colonne qui se pose sur la
stilobate est du demy diametre du
troncq de la colonne d'embas la haulteur soit diuisée en trois, vne partie
pour le plinthe, le reste depuis le plinthe, soit party en quatre, vne partie
soit donnée au tore d'enhault: depuis
le plinthe iusques au tore d'enhault,
soit diuisé en deux parties égalles, vne
sera donnée au tore d'embas, l'autre
au trochille. Entre les deux tore soit
diuisée en sept parties, deux d'icelles
serõt dõnées aux deux petits quarrez
ou lizieres, l'vne pour le hault, l'autre
pour le bas. La liziere ou petit quarré
de l'empietement de la colonne se
fera en ceste maniere. Partissez le dia-

C

A

H
G A
G
A
I
E
F
1 2 3 4
D
N
M
L
N
L
G
F
I
E

A

B

A

B

A   E

14

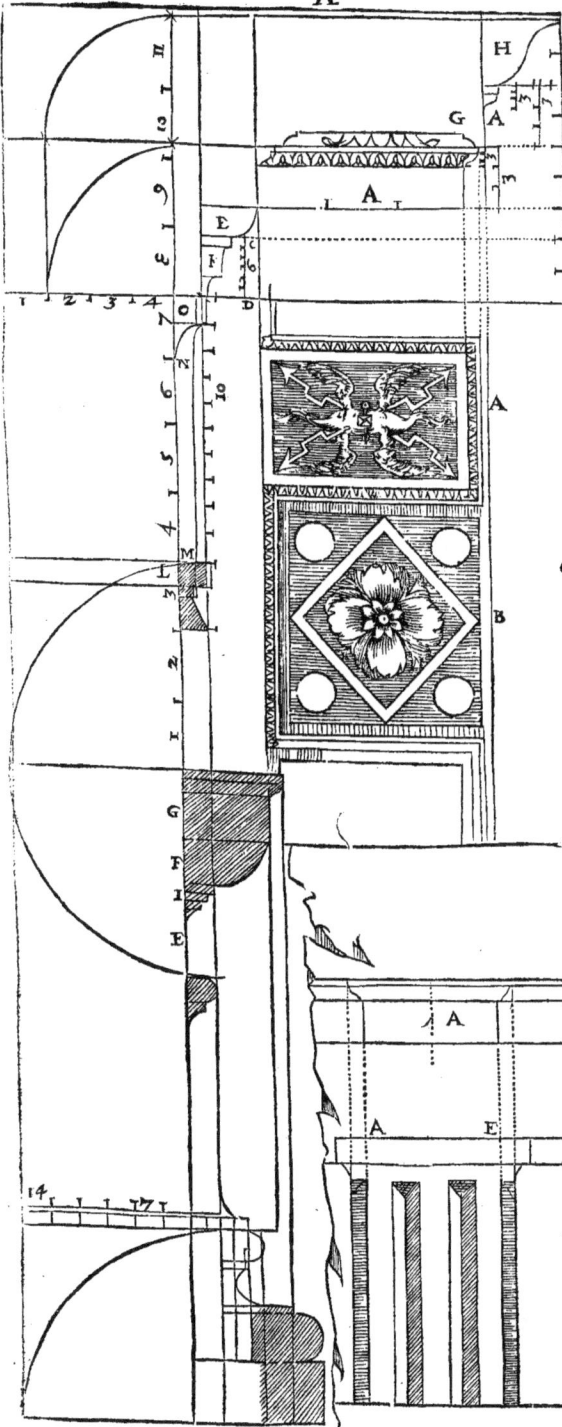

mettre en quatorze parties: prenez la moytié
pour la largeur, & l'autre moitié pour la saillie
& le residu La saillie de chascun membre se fera ainsi qu'il est notté en la figure du prophile
de la base marquée au poinct A. au cinquiesme
fueillet. Le retressissement de la colonne se doit
faire selon la haulteur que l'ouurier le doibt
mettre en œuure, comme vous voyez par les
cinq figures du dernier du liure amplemét de-
duit, & qu'il est dict par cy deuant. La haulteur
du chapiteau E.F. est la moitié du diametre de
la colonne d'embas. Partissez icelle haulteur en
trois, vne pour la frize au poinct E. l'autre pour
l'eschine au poinct G. la tierce partie pour le
tailloer au poinct H. lequel diuiserez en trois,
vne pour la sime, & les deux seront pour le tailloer. La tierce partie de l'eschine ou face seront
faicts les trois petits anneaux ou carquans au
poinct I. La saillie du chapiteau se fera que
chascun membre portera son quarré. La haulteur de l'espistille ou arquitraue sera du demy
diametre de repietement du troncq de la colonne. Partissez icelle haulteur en sept parties,
l'vne d'icelles parties sera le tenia au poinct I. La
haulteur de la frize ou zophore, se fera en ceste maniere: Diuisez l'arquitraue en deux, les
trois seront la haulteur de la phrise: diuisez vne
d'icelle tierce partie en trois, sera la bande ou
liziere dessus le trigliphe marqué au poinct O.
La haulteur depuis l'arquitraue iusques au fillet du poinct O. soit diuisé en trois parties, dót
les deux seront la largeur du trigliphe, les trois
sa haulteur. La largeur du trigliphe soit diuisé
en douze parties, deux d'icelles pour les plinthes: & deux soient donnez aux canaux. Et le
tout partir esgallement, ainsi qu'il est amplement notté aux figures cy deuát de l'ordre Dorique du quatriesme fueillet. Puis diuisez la
haulteur de l'arquitraue en six parties, vne d'i-

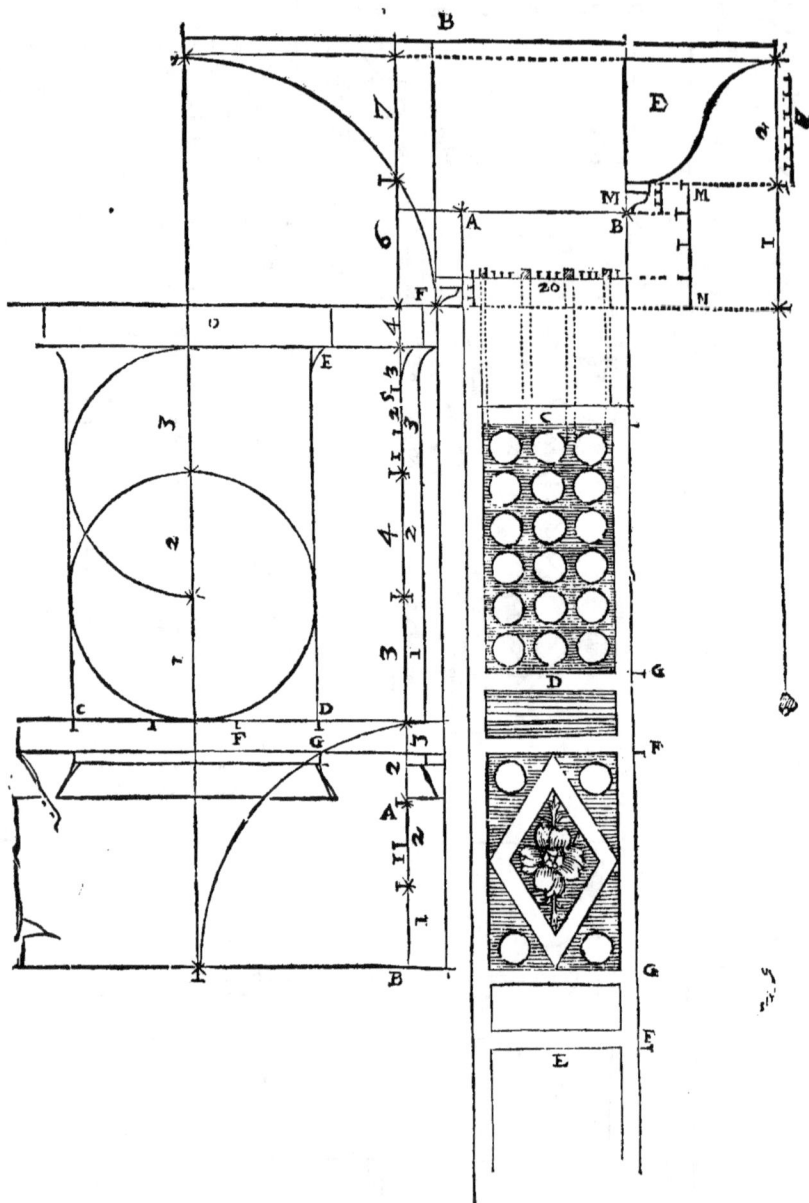

celles fera donnée à la haulteur des guttes qui font penduës au deffoubs du trigliphe,
diuifez icelles guttes en quatre parties, l'vne d'icelles fera le fillet dont elles dependent. La
corniche fera de la haulteur de l'arquitraue : icelle haulteur foit diuifée en deux parties, la
premiere M.N. foit diuifée en quatre parties, vne pour la fime M. deux pour la couronne: l'autre partie du refidu, eft pour la fime F. qui eft pofé fur la bande ou liziere du Zophore: la feconde partie fe donne à la fime E. qu'il faut diuifer en fept parties, l'vne d'icelles parties eft pour le fillet ou liziere deffus la fime B. la haulteur de la fime foit fait en quarré pour fa faillie. La haulteur de l'arquitraue foit diuifée en trois parties, deux d'icelles mar-

qué A. B. feront la faillie de la couronne A. B. Pour l'enrichiſſement du platfons pendant
ſur iceulx trigliphes : la ſaillie d'icelle couronne A. B. ſoit diuiſée en vingt parties , deux
ſoient données aux bandes ou lizieres, quatre d'icelles parties pour les guttes ou petit
rond, que la longueur d'iceulx petits ronds ſoit de la largeur d'vn trigliphe C.D. le reſte de
l'enrichiſſement qui doibt eſtre entte iceux trigliphes : ſoit prins la haulteur de la frize au
poinct D.E. pour la longueur : Les deux petits quarrez longuet, à chaſcun bout de la poincte du rombe ou lozenge, ſoit fait d'vne tierce partie de la largeur d'vn trigliphe F. G. comme voyez la figure preſente.

La corniche enrichie de ſes metilles ou modilions, ſe faict d'vne autre meſure que la
precedente, partiſſez larquitraue en trois parties, quatre de celle partie ſeront pour la haulteur de la phrize, la corniche aura pareille haulteur : la haulteur de la phrize ſoit diuiſée en
dix parties, l'vne d'icelles ſera la bande ou liziere deſſus le trigliphe au poinct O. Le tenia
& le guttes, petit fillet deſſoubs iceluy trigliphe ſe fera de pareille meſure cy deuant dict,
la haulteur de la corniche ſoit diuiſée en neuf parties, dont les deux d'icelles parties ſe don-
neront aux faces F. de deſſoubs leſchine E. ou tore, qu'il fault diuiſer en ſix au poinct C. D.
vne d'icelle pour le fillet ou liziere, trois pour la face de deſſoubs, deux pour l'autre face inferieure, vne partie des neuf ſera donnée au tore E. deux aux mutilles A. ou modilions,
deux à la couronne G. deſſus les modilions, deux autres d'icelle partie à la ſime H. Puis
diuiſez iceux modilions en trois, vne pour le fillet, le reſidu pour la petite ſime. Le fillet
ou liziere deſſus la ſime ſera de telle meſure qu'il eſt cy deuant dict. La ſaillie ou proiecture d'iceulx mutilles, ſe faict la troiſieſme partie de la haulteur de la phrize, à prendre du
poinct M. N. La face d'iceulx mutilles marquee au poinct A. ſe fera de la largeur des deux
herettes des deux demy canaulx du trigliphe, comme voyez par la figure A. E. Le platfonds pendant ſur iceulx modilions enrichy des ſagettes de fouldres & rozaſſes entre les
mutilles, ſera de telle meſure, qu'il ne paſſera la largeur d'iceulx modilions, comme voyez
par la figure marquée A. B.

DES LINEAMENS DES COLONNES EN TOVTES LEVRS
parties, enſemble des baſes, auec leurs mouleures, bozels, armilles ou anneaux,
friſes, ou lataſtres, petits quarrez, taillouïers, membres ronds, filets ou
petits quarrez, naſſelles, goules droictes & goules renuerſees,
que l'on dit en vn mot doulcines.

E recommenceray en cet endroit à parler des lineamens des colônes. Ie prendray entre les sortes de colonies celle dont les antiques se souloient plus cômunément seruir en bastimens publiques, & ceste-là sera moyenne entre les plus grandes & plus petites: c'est à sçauoir de trente pieds de hault, dont ie diuiseray le diametre du bout d'embas en neuf parties toutes esgalles, & en donneray huict à celuy du bout d'enhault: ainsi sera la proportion gardée, comme de huict à neuf, que l'on nomme sesquioctaue: puis ie feray par e'galle proportion, que le diametre du rappetissement par enhault, se rapportera à celuy de bas, qui est (comme dit a esté) de huict à neuf: car autant en a la plante. De rechef i'accorderay ce diametre du bout d'enhault, auec celuy auquel la tige se commence à diminuer, & en feray vne sesquiseptiesme: puis ie viendray aux autres lineaments des parties, pour dire en quoy & comment ils different.

Les moulures de la base sont, le plinthe, le bozel, & la nasselle. Iceluy plinthe est vne platine quarrée mise en la partie de bas, comme pour soustenir le faix, laquelle ie nomme latastre, à raison que de tous costez elle s'estend en largeur. Les bozels sont ainsi que gros anneaux de chaine, sur l'vn desquels s'assiet ou plante la tige de la colonne, & l'autre pose sur le plinthe. La nasselle est vn canal creux mis entre ces bosels, comme seroit la concauité d'vne poulie.

Maintenant entendez que toute la raison de mesurer les parties, a esté prinse sur le diametre de l'empietement de la colonne, & ainsi l'instituerent les Doriques. Leur plaisir fut de donner de hault à toute la base, la iuste moitié du diametre bas de la colonne. En ceste base ils voulurent le latastre ou plinthe large en quarré, de mesure telle qu'il portast vn diametre & demy tout entier de l'empietement, ou pour le moins vn diametre & vn tiers. Apres ils diuiserent la haulteur de la base en trois parties, & en donnerent l'vne à l'espoisseur de ce latastre ou plinthe, & par ainsi toute la haulteur d'icelle base fut triple à l'equipollent du latastre, la haulteur duquel pareillement se rendit triple au respect de toute la base. Apres ils diuiserent le reste de la base en quatre, & en donnerent vne au bozel de dessus: puis encores partirent-ils en deux ce qui demouroit entre iceluy bozel & le latastre, autrement plinthe: & en baillerent l'vne au bozel de bas, & le residu à la nasselle constituée entre deux. Ceste nasselle a en ses extremitez deux petits quarrez comme liziers, à chacun desquels fut donné vne septiesme partie de la largeur à elle assignée, le demourant est encaué.

Or ay-ie dit qu'en tout bastiment quel qu'il soit, l'on doit songneusement prendre garde à ce que iamais rien ne porte à faux, ains que tout ce qu'on met l'vn sur l'autre, ait correspondance au massif. Et certes il y aura du faux, si le cordeau à plombet mis contre la face de quelque mouleure, treuue en pendant du vuide entre luy & les autres choses qui seront au dessoubs. Cela fit que les ouuriers antiques voulans cauer ce creux de la nasselle, n'allerent iamais plus en profond que là où deuoit correspondre le massif de la charge.

Les bozels auront de saillie vne moitié auec la huictiesme partie de leur espois: & quant à celuy de dessoubs, sa circonference ou rondeur s'estendra des quatre costez sur les viues arestes du latastre le supportant.

Voyla comment les Doriques se gouuernerét en cet endroit, chose que les Ioniens approuuerent: mais leur volonté fut de doubler les nasselles, & entre deux y mirent des astragales ou anneaux: par ainsi donc leurs bases eurent de haulteur le demy diametre de l'empietemét de la colonne: & diuiserent ceste haulteur en quatre, dont ils en donnerent vne à l'espois du latastre, & de large vnze quartes en tous sens: au moyen dequoy l'on peut veoir que toute la haulteur de leur susdicte base portoit quatre, & la largeur vnze. Le reste de ceste haulteur, nô comprins le latastre, ils le diuiserent en sept parties, & en donnerent les deux à l'espoisseur du bozel de bas, puis encores mesurerent le demourant de la base en trois: dequoy la tierce de hault fut baillée au bozel de dessus, & les deux au dessoubs distribuées tant aux nasselles que astragales, qu'ils firent par ceste raison: à sçauoir que l'espace d'entre iceux bozels seroit diuisé en sept parties, desquelles on en donneroit vne à chacun des anneaux, & le reste s'appliqueroit par esgalles portions aux deux nasselles. Puis quant aux saillies des membres ronds, ces Ioniens les obseruerét ne plus ne moins que les Doriques, mesmes en creusant ces nasselles, iamais ne les firent aller plus en profond que la ligne perpendiculaire des parties posant

C iij

MESVRE DE PORTE DORIQVE CONVENABLE POVR TEMPLES.

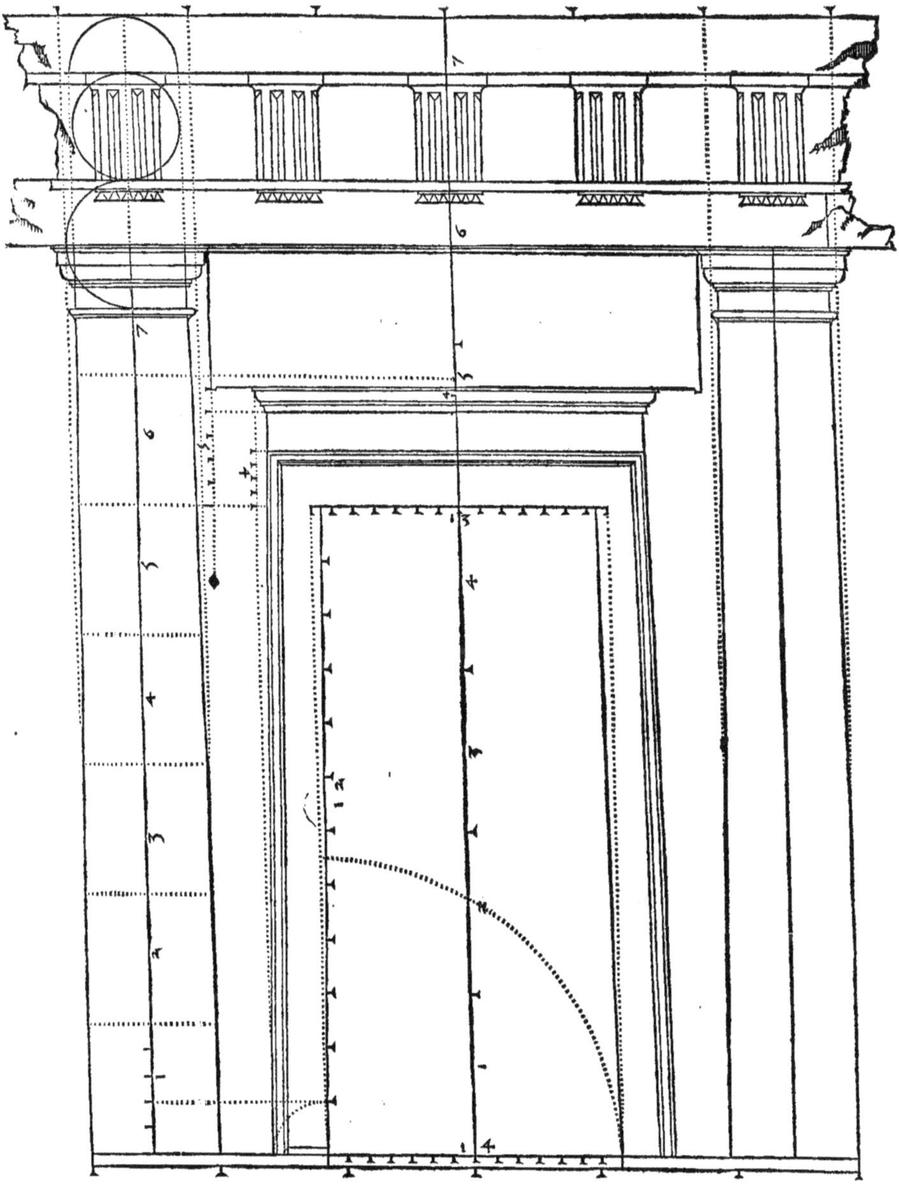

deſſus. Vray eſt, qu'aux petits quarrez
ilz donnerent à chaſcun vne huictieſme
partie de la largeur de la naſſelle. Toutesfois encores ſe trouua il des ouuriers
entr'eulx, leſquels diuiſerent la haulteur
de la baſe en ſeize, non comprins en ce
le lataſtre : & en donnerent quatre au
bozel de bas, & trois à celuy de deſſus, à
la naſſelle inferieure trois & demye, &
autant à la ſuperieure : le reſidu eſtoit
pour les petits quarrez. Voyla certes có-
ment les Ioniens ſe gouuernerent en cet
endroict.

Puis les Corinthiens approuuerent
l'vne & l'autre de ces baſes, à ſçauoir la
Dorique & la Ionique, meſmes en vſe-
rent ordinairement en leurs ouurages:
voire, qui plus eſt, en toutes les particularitez des colonnes, ils n'y changerent
ſinon le chapiteau. Aucuns diſent que
les Ethruriens ne faiſoient en leurs baſes
le lataſtre ou plinthe quarré, mais tout
rond. Ce nonobſtant ie n'en trouuay iamais parmy les œuures des antiques:
bien eſt-il qu'aux temples ronds, princi-
palemét aux portiques ou promenoers
qui les enuironnoient, iceulx nos peres
auoient accouſtumé de faire leurs baſes
de ſorte que les plinthes continuoient à
vn meſme niueau, comme s'ils euſſent
voulu donner à entendre que ceſtuy-là
deuoit eſtre vn perpetuel ſubiect pour
tenir les colonnes en leur haulteur égal-
le. Choſe que (à mon aduis) ils firent
pource qu'il leur ſembloit que les membrures quarrées ne conuenoiét pas bien
auec les rondes.

Ce ne ſera ſinon que bié fait de traicter
vn peu de la grace cóuenable à toutes ces
moulures, dequoy les ornemens parti-
culiers ſe font. Elles ſe nomment en premier lieu, la coronne, le tailloüer ou tuy-

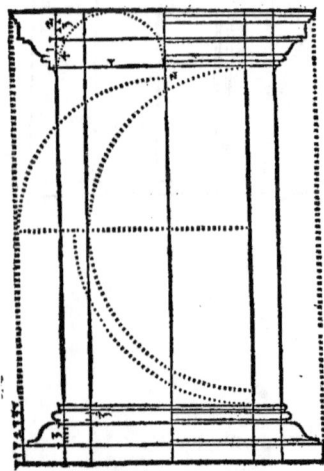

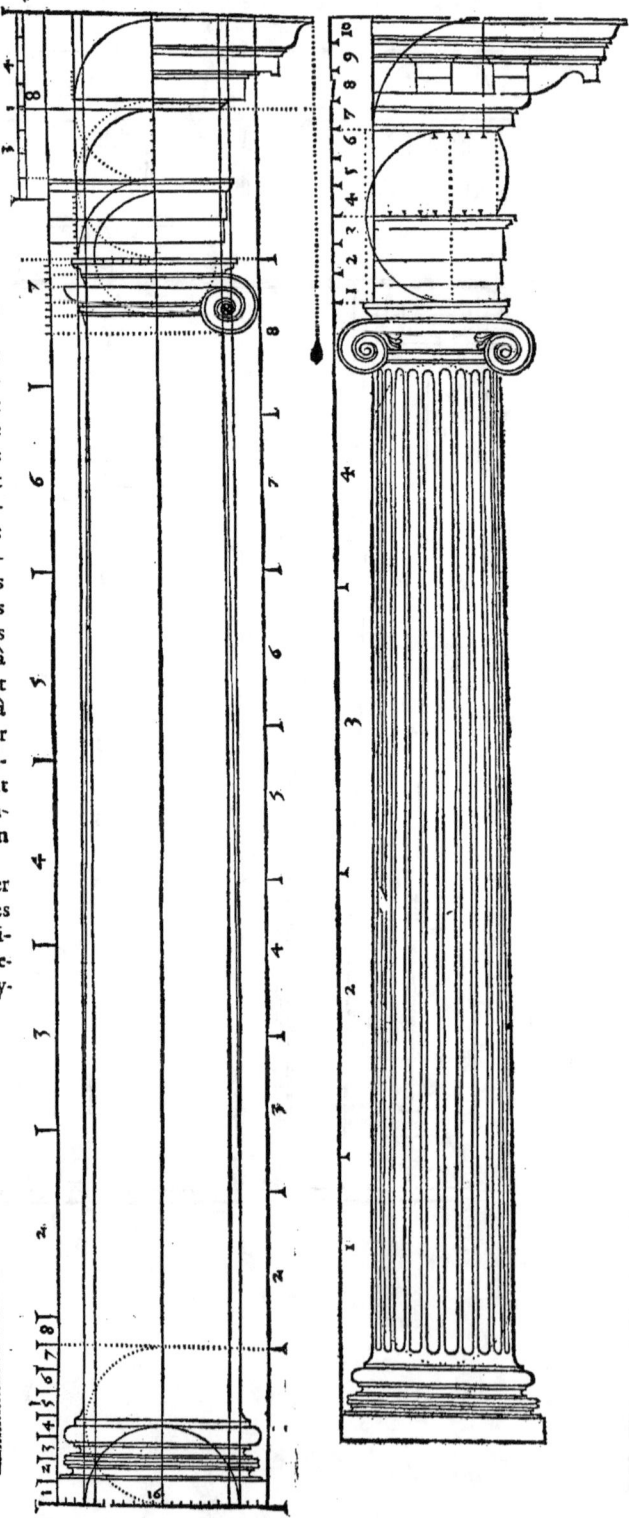

leau, le bozel ou membre rond , le fillet ou petit quarré, la
naſſelle ou canal,la goule droicte,& la goule renuerſée,que
lon dit en vn mot doulcine. Or chaſcune de ces mouleures
eſt vn lineament de telle nature qu'il ſe iette aucunemét en
dehors, mais par diuerſes façons de faire : & qu'ainſi ſoit le
traict de la coronne repreſente la lettre latine L. & n'eſt
point d'autre ſorte que le petit quarré,ſinon qu'elle eſt plus
large. Le taillouër ſe reiette beaucoup plus en dehors qu'i-
celle platte bande.   Quant

PLAN DV CHAPITEAV IONIQVE.

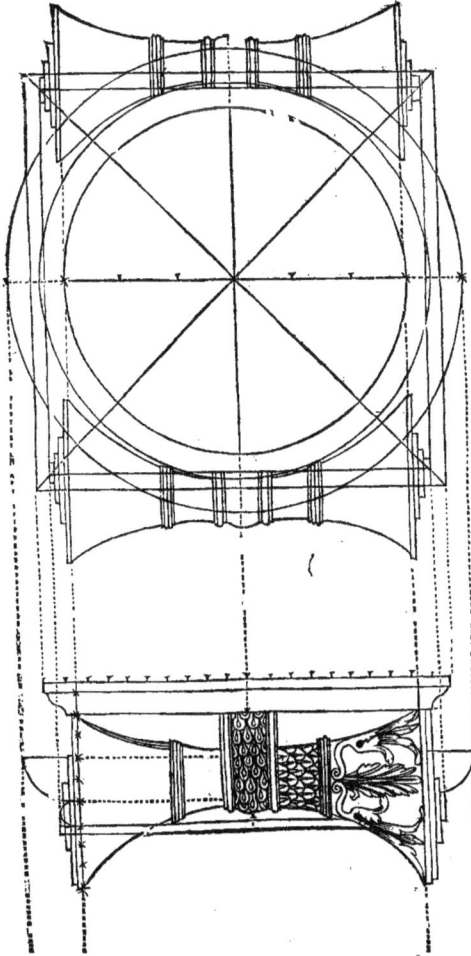

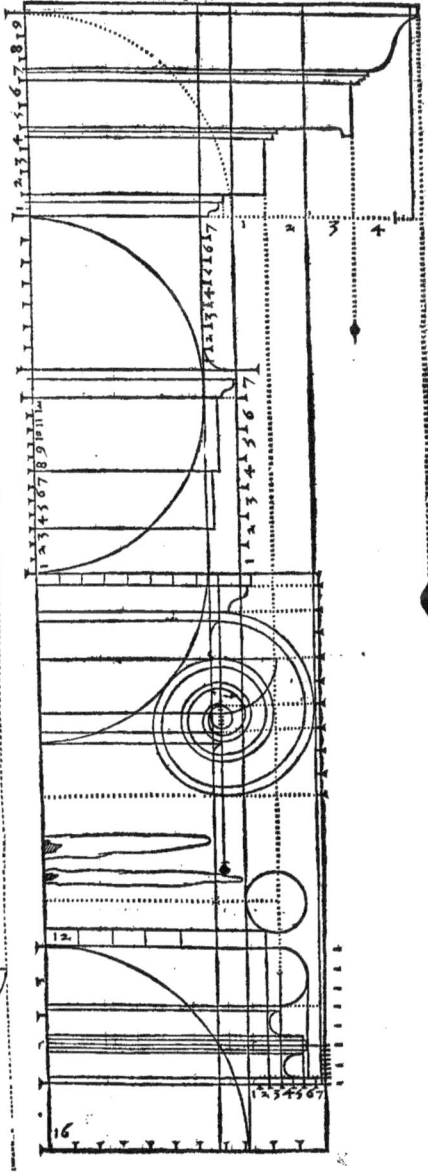

IONIQVE SELON LA DOCTRINE
DE VITRVVE.

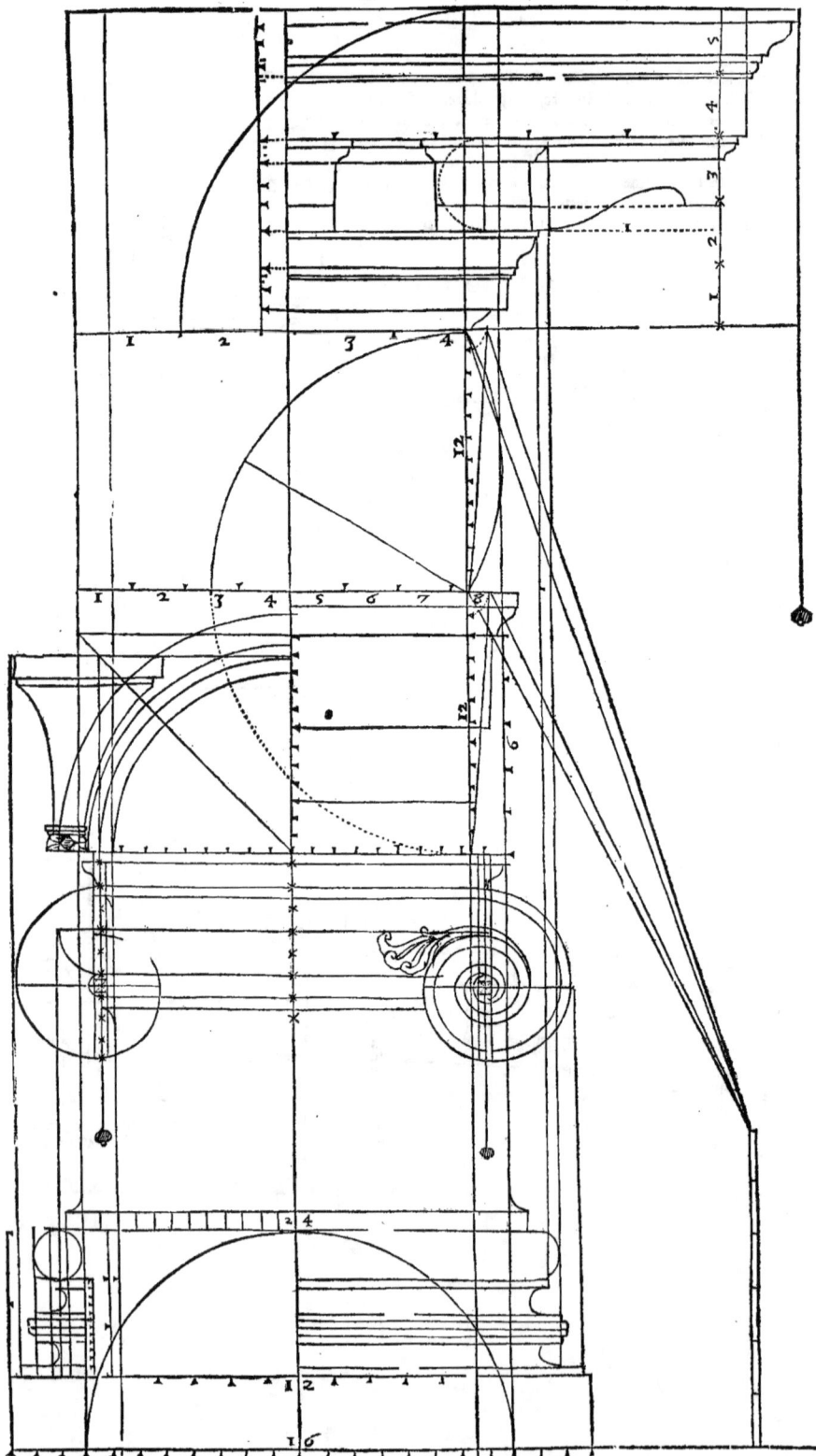

D

Quant au bozel i'ay efté en doubte fi ie le deuois nommer Lyerre, à raifon qu'il s'attache en faifant fa faillie, & eft la figure de fon forget ne plus ne moins qu'vn C. mis au deffoubs la lettre, côme vous pourrez voir ⁚. Le petit quarré auffi eft pareil à vne eftroicte liziere, & quãd ce C. fe met à rebours deffoubs la lettre L. ainfi que pouuez veoir figuré ⁚ il faict vn canal ou naffelle: mais s'il aduient que foubs cefte L. on applique vne S. en la mode que ie vous mon-ftre ⁚ cela fe peut dire goule droicte, & goule renuerfée, autrement gozier, confideré qu'il a toute la façon d'vn gozier d'homme. Mais fi on la met deffoubs L. gifante à l'enuers en cefte forte ⁚ cela pour la femblance du ployement s'appellera vnde ou doulcine. Dauantage les particularitez de ces mébrures font , ou toutes plaines, ou taillées à demy boffe : car fur la cor-niche platte on y met des cocquilles, des oyfeaux, ou des lettres, fuyuant le plaifir du feigneur de l'ouurage. Auffi on y fait des dentilles, la raifon defquelles eft, que leur largeur porte infte-ment la moytié de leur haulteur, & le vuyde d'entredeux ait deux mefures de la largeur partie en trois. Le rudent ou bozel fe fait à oualles, ou bien fe recouure de fueilles. Et fi c'eft à oual-les, aucunesfois font les œufs tous entiers, & aucunesfois couppez par le bout d'enhault. Sur la liziere ou platte-bande au deffoubs on y met des billettes ou colanes comme de perles enfi-lées. Mais quant à la doulcine du tailloüer ou côuuercle, iamais ne fe reueft finon de fueilles: mais le petit quarré fe fait toufiours tout plain. Voyla certes quelle eft la raifon pour conioin-dre & approprier ces moulures enfemble. Et faut neceffairement que celles qui font deffus, ayent toufiours plus de faillie que les autres de bas. Auffi eft à noter que lefdits petits quarrez feparent ces membrures les vnes d'auec les autres: & à bien dire, leur feruent de ligne viue, qui eft la forme fuperieure de chafcune particularité. Mefmes auffi quand on les void, de front, ils addouciffent & diftinguent les entretailleures des ouurages: parquoy raifonnablement leur eft donné en largeur la fixiefme partie du membre à qui on les adioint, voire fuffent den-tilles: ou oualles: mais fi c'eft en doulcine, on leur baille volontiers fa troifiefme partie.

DES CHAPITEAVX DORIQVE, IONIQVE,
CORINTHE ET ITALIQVE.

IE retourne maintenant aux chapiteaux, & dy que les Doriens firent le leur auffi hault feulement que la bafe, laquelle haulteur ils diuiferent en trois parties, dont la premie-re fut donnée au tailloüer, la feconde au vafe ou balancier, & la tierce à la frife ou gor-gerin du chappiteau eftant foubs ledict vafe. La largeur de ce tailloüer eut d'eftenduë en fon

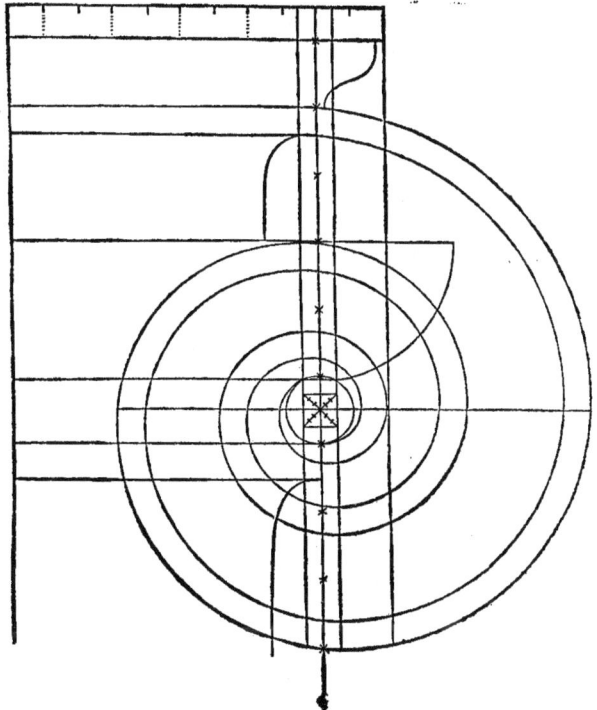

I'AY PRINS CESTE VOLVTE IONIQVE AV TITRVVE
qu'à traduit Daniel Barbaro, Gentil-homme Venicien, à fin de ne frauder personne de
sa loüange: i'ose bien dire que l'homme ne l'a point faicte selon l'entente de Vitruue,
tourné si parfaictement bien que ceste cy, dont merite grand' loüange & remerciement
aux studieux d'Architecture.

quarré, le diametre tout entier auec vne sixiesme partie du demy diametre de l'empietement de la colonne. Les membrures de ce taillouër sont, la cymaise, autrement doulcine & sa platteband, ou lataistre. Ceste cymaise comprend en soy la moulure qui se fait d'vne goule droicte, & d'vne renuersée, & a de hault deux parties de cinq, en quoy le taillouër est mesuré. Le fond du vase ioinct aux lignes extremes de son couuertoüier, & au bas de ce vase, il y a trois petits anneaux plats, que l'on appelle armilles ou carquans: dessoubs lesquels aucuns ouuriers mirent pour ornement vn petit colleriz amortissant contre la frize ou bien gorge du chapireau. Ceste moulure, pour bien faire, ne doibt auoir plus de haulteur que la tierce partie de son vase, & se doibt amortir au diametre de la gorge ou encolluce du chapiteau, (ie dy par où il ioinct au nu de la colonne) mesmes ne passer l'estenduë de ce nu par en hault, car ordinairement cela s'obserue en toutes manieres de colonnes.

En verité par ce que i'ay peu cognoistre en recherchant les traicts des bastimens antiques, aucuns ouuriers entre-autres donnerent de haulteur au chapiteau Dorique, le demy diametre de sa colonne, par embas, auec vne quarte partie d'auantage, laquelle haulteur apres ils diuiserēt en vnze egalitez, dont ils en baillerent les quatre au taillouër ou couuercle, autant au vase, & trois à l'encouleure: puis encores partirent - ils ce couuercle en deux, pour faire de l'vne la cymaise ou doulcine, de l'autre le plinthe de dessus. Consequemment ils vindrent à diuiser le vase aussi en deux parties, dont la base fut pour les carquans & colleriz enuironnans le fond: & en cestuy-là quelques vns taillerent des Rosaces, & les autres des fueilles à plaisir. Voyla comment ouurerent les Doriques.

Or venons maintenant au chappiteau Ionien. Sa haulteur se doit faire esgale au demy diametre de la colonne par embas, puis vous la partirez en dix & neuf parties, desquelles vous en donnerez trois au couuertoüer, quatre à l'escorce ou platteband de d'où procede la volute, six au vaisseau, & puis les six restantes au contournement de la

PLAN DV CHAPITEAV IONIQVE DV
TEMPLE DE FORTVNE VIRILE.

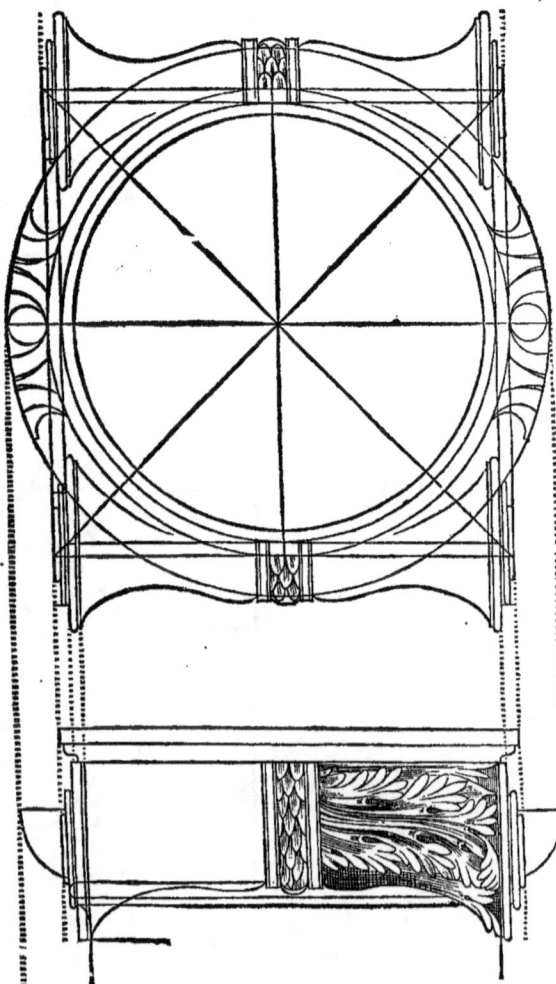

volute qui fe retourne contremont. La largeur de ce couuertoüer foit en tous fens pareille au diametre de l'empietement de la colonne. La largeur auffi de l'efcorce ou plattebande, qui prend depuis le front du chapiteau iufques au derriere, fera efgalle à celle du couuercle: & fa longueur pendra fur les coftez, où elle fe tortillera en forme de limaffe: le nombril ou centre de laquelle eftant au cofté droict, fera diftant du gauche fon pareil par vingt & deux modules, mefmes fera ce nombril iuftement entre treze d'iceux, à compter depuis le platfond du couuercle iufques au dernier poinct. Et pour faire cefte limaffe ou volute, vous y procederez en cefte forte.

Deffus la ligne à plomb, enuiron le milieu, faictes-y vn petit rond, duquel le demy diametre comprenne vn module d'eftenduë, apres marquez vn poinct deffoubs, autant deffus, & encores deux entre deux. Cela fuict, mettez le pied ferme de voftre compas fur celuy qui eft plus hault que le centre, & l'autre pied mouuant iufques foubs le fond du couuercle, puis tournez contrebas tant que vous arriuez au dernier poinct de treze, pour faire vn demy cercle iuftement, qui refponde au nyueau du centre.

Adonc reftraignez le compas, & appliquez le pied ferme droict fur le petit poinct marqué en fond de l'œil, & le mobile prenne au bout de la ligne ou le grand demy cercle fe fera terminé, puis le tournez en contremont: & ce faifant par deux demis ronds impareils, vous aurez formé vn chantournement de lymaffe, adonc continuez ainfi iufques à ce que vous retrouuiez la circonference du petit rond faict au milieu, & vous aurez par bon art ordonné la volute, comme vous pourrez plainement veoir en cefte figure precedente.

Le bord du vafe s'accouftre de maniere que depuis l'efcorce il fe reiette en dehors gardant rondeur, & ait de faillie deux modules fans plus: mais aduifez que l'admortiffement fe rapporte bien droict au nu de la colonne par en hault. Les ceintures ou doublemens des volutes qui viennent conioindre aux parties de deuant fur les coftez du chapiteau, feront toufiours plus groffes au commencement, qu'au milieu & à la fin. L'efpoiffeur du premier demy cercle fe prendra fur le bord du vaiffeau, y adiouftant vn feul demy module. Pour l'ornement du couuercle on luy fera vne cymaife ou doulcine, ayant fa goule d'vn module & demy, & fera encauée en forme de canal, iufques en profondeur d'vn feul demy module: & la largeur du petit quarré l'enuironnant fera d'vne quarte partie de ce canal: puis au milieu du front, & deffoubs la naffelle, feront taillez des fueillages & fruicts. Au parties du vafe regnantes fur les fronts y aura des Oualles, & foubs celles-là des billettes. Les rouleaux des coftez feront bien reueftus d'efcailles ou de feuilles. Voyla comment il faut faire le chappiteau Ionique.

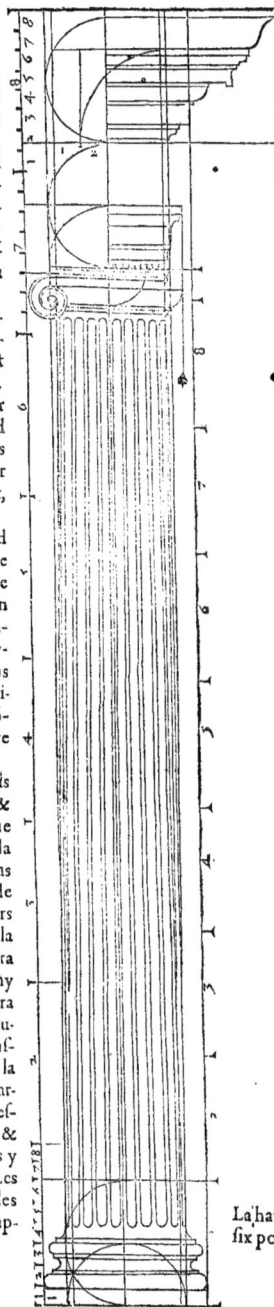

La haulteur de la corniche y compris la cymaife, trois pieds vnze poulces.

La haulteur de la frife, vn pied quatre pouces dix lignes.

La haulteur de larquitraue, vn pied fept pouces.

La haulteur du chapiteau, vn pied vn pouce deux lignes, fans y comprendre la volute. La haulteur de la volute, vn pied vn pouce fept lignes.

La haulteur de la colône vingt - deux pieds trois pouces huict lignes, y compris fa liziere d'embas & leftragal ou carquan par haut.

La haulteur de la bafe, vn pied fix pouces.

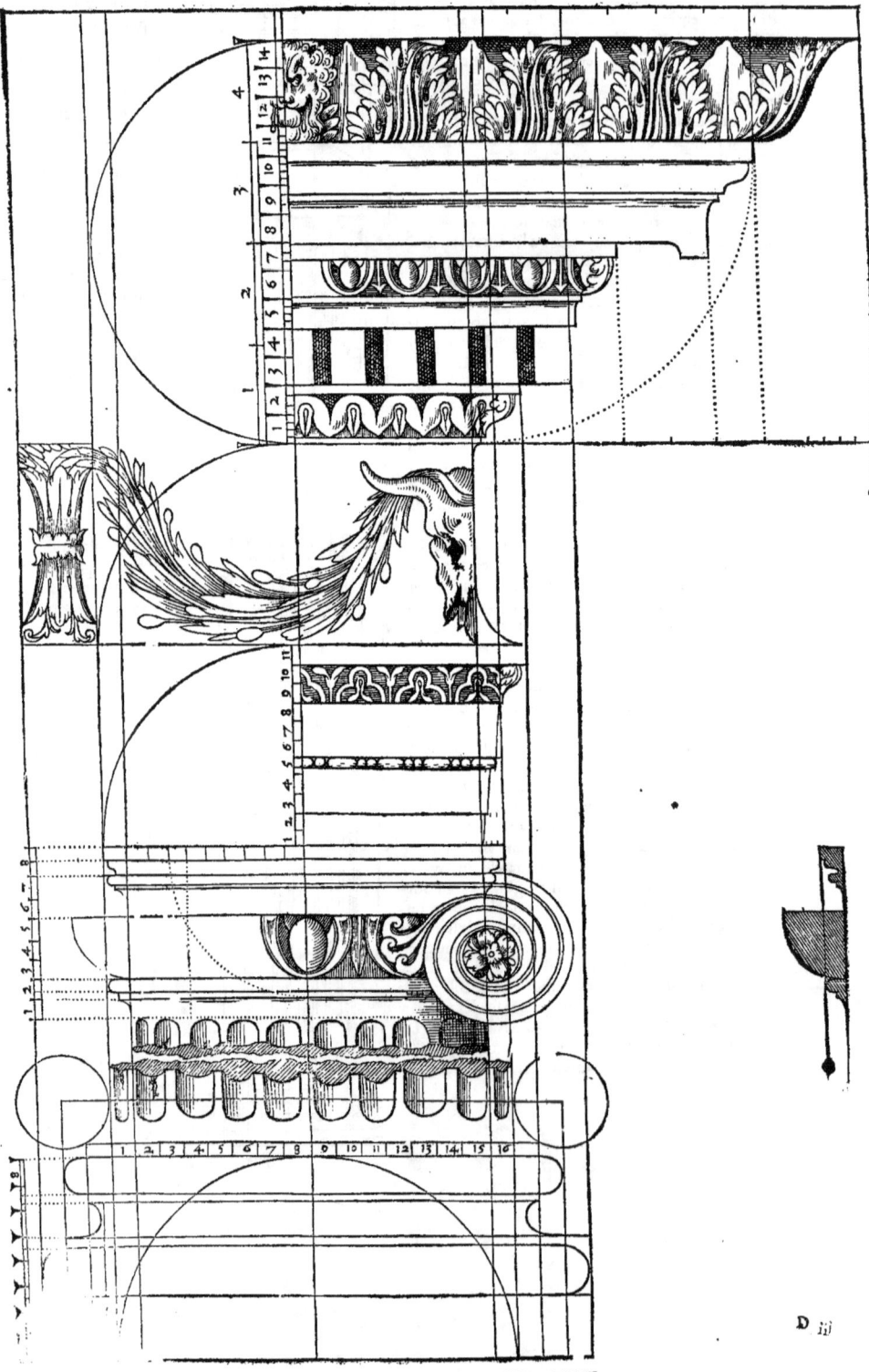

Mais pour venir à celuy de Corinthe, sa haulteur comprent le diametre tout entier du bout
d'embas de la colonne : & la fault diuiser en sept
parties esgalles, dont l'vne se doibt donner à l'espoisseur du taillouër ou lataſtre, & les autres six
reſtantes au vaiſſeau, le fond duquel se rapportera iuſtement au nu de la colonne par en hault,
non comprins en ce le gorgerin, qui doibt auoir
tant de ſaillie, que ſon extremité ſe rapporte à la
groſſeur de la colonne par embas. La largeur du
taillouër doibt auoir dix modules d'eſtenduë,
dont il fault tailler en biais les cornes de tous les
quatre coings ſeulement d'vn demy module: qui
n'eſt pas ainſi qu'aux taillouërs des autres chapiteaux, car ceux là ſont formez entierement de
lignes droiĉtes : mais ceux de Corinthe, dont
nous traiĉtons preſentement, ſe cambrent en
dedans, de ſorte que leur concauité ſe reduiĉt
au bord du vaiſſeau, qui doibt poſer ſur le nu de
la colonne. La cymaiſe de ce taillouër emporte
ſeulement vne tierce partie de ſon eſpoiſſeur : &
ſes moulures ſont ſemblables à celles du gorgerin que nous mettons au bout d'enhault d'vne
colonne. La plattebande & le petit quarré ceignent le vaiſſeau qui eſt à deux hauteurs de fueillage, en chaſcun deſquels y a huiĉt fueilles, dont
celles du premier ſont de deux modules en haulteur, & autant portent les ſecondes : le reſte de
la meſure eſt donné aux vrilles qui ſortent hors
les gouſſes de ces fueilles, & montent contremont iuſques au bord du vaſe au deſſoubs du
taillouër. Le nombre de ces vrilles eſt ſeize, à
ſçauoir quatre de chaſcun coſté ou face du chapiteau, où elles s'entortillent de bonne grace,
deux à droiĉt, & deux à gauche, meſmes ſe iettent en dehors en façon de volute ou limaſſe,
huiĉt ſoubs les cornes du taillouër, & huiĉt
ſoubs les roſaces. Mais celles-là ſe ioignent, &
font ainſi qu'vne Cartoche double. Ces roſaces
dont ie viens de parler, ſemblent ſortir du vaſe,
& n'excedent iamais l'eſpoiſſeur du taillouër,
ains les y void-on de front iuſtement contre les
milieux, comme ſi elles y eſtoient placquées. Le
bord du vaſe qui repreſente vne liziere ou plattebande, ſe void tout à l'entour du rond, ſi ce n'eſt
ou les vrilles le cachent. Toutesfois il faut eſtimer que ce bord eſt compris en la meſure. Les
creſpelures des fueillages doiuent auoir cinq ou
ſept doigts de diſtáce de l'vn à l'autre: leurs contournemens d'enhault ſe doiuent reietter en dehors, & pendre contrebas d'vne demie partie de
module. Oultre c'eſt vne belle choſe, bien digne
d'eſtre obſeruée, tant en la reſente des fueilles de
ce chapiteau Corinthien, qu'en toutes auttes entretailleures, que les traiĉts ſoient cauez bien en
profond. Et voila comment ſe doibt conduire
l'ouurage de Corinthe, & non autrement.

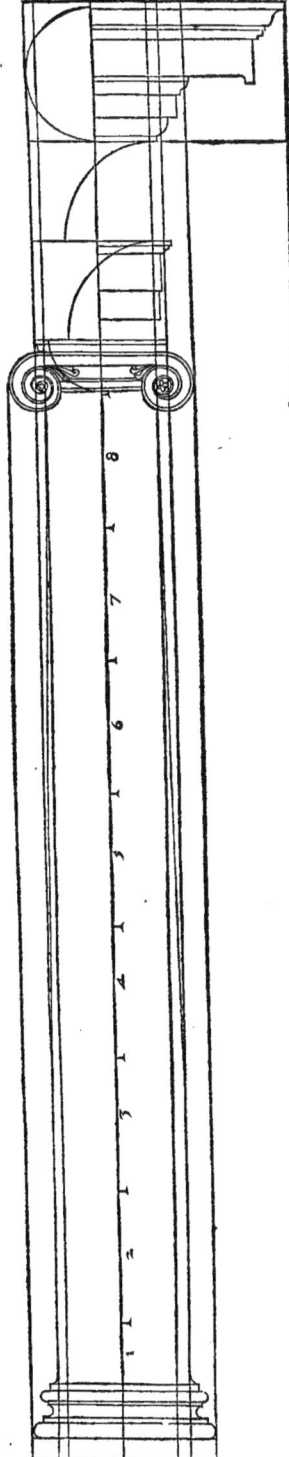

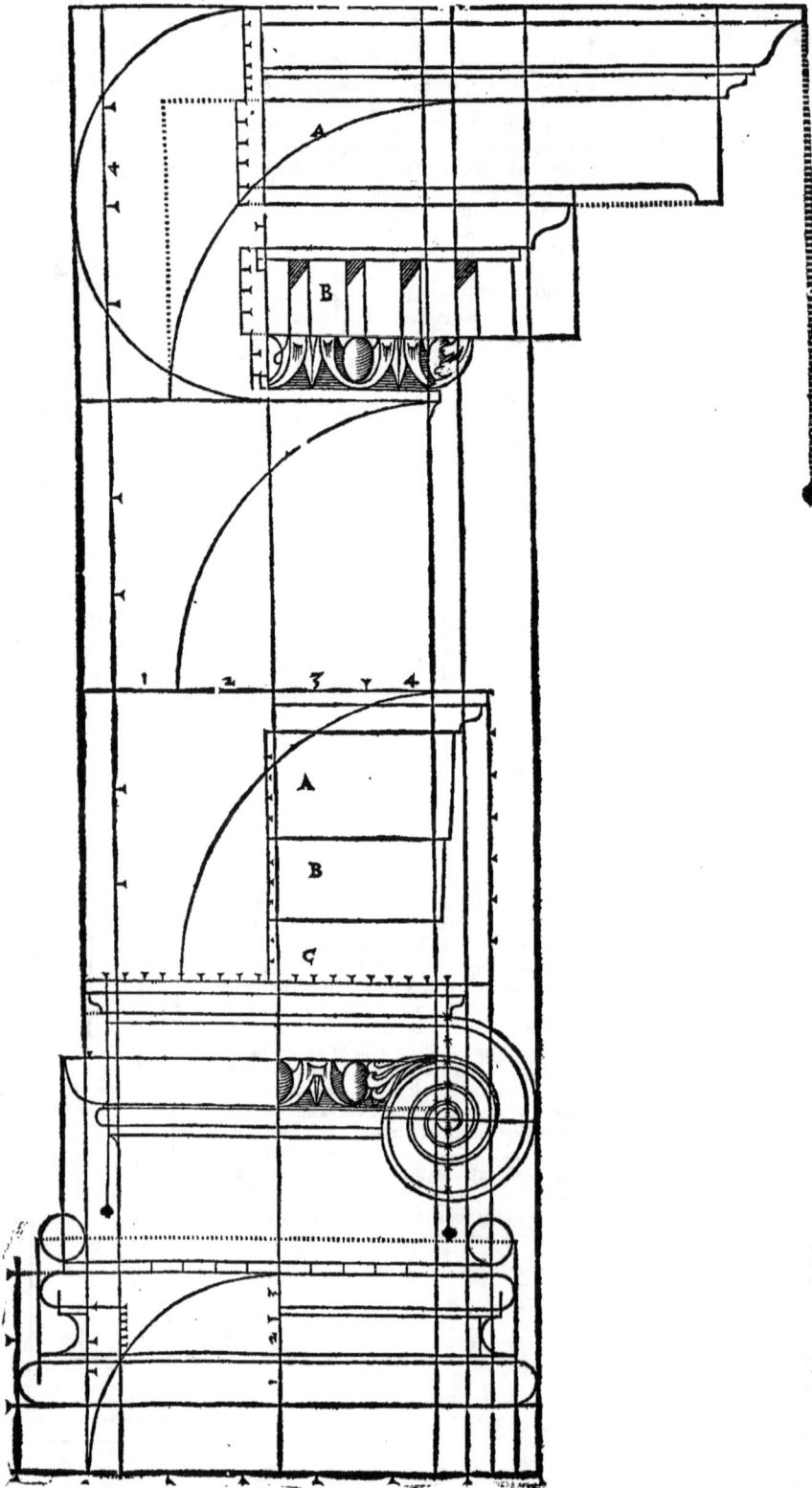

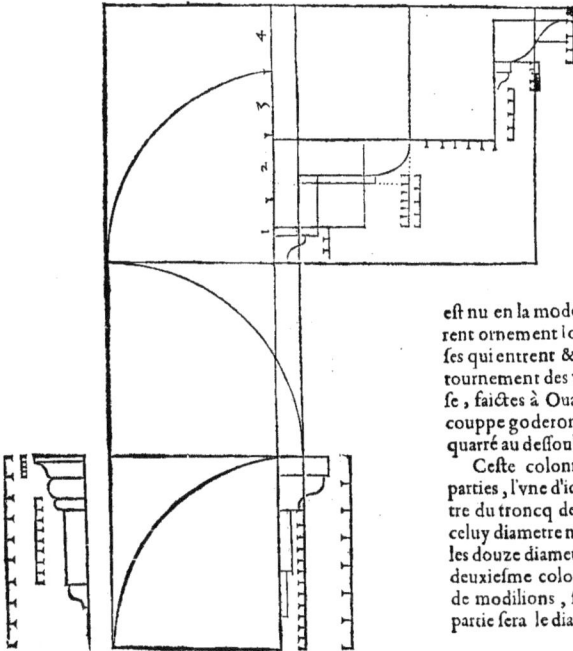

Quant est des Italiens, ie
dy qu'ils ont assemblé en
leurs chapiteaux, tous les ornemens qui se treuuent aux
autres, & que la raison de les
faire n'est en rien dissembla-
ble à celle de Corinthe, tant
en vase, taillouër, fueillages
que rosaces : mais seulement
en lieu des vrilles ils misrent
soubs les quatre cornes du
taillouër, des anses ayans de
saillie deux modules entierement : & au bord du vase qui
est nu en la mode Corinthienne, ils y applique-
rent ornement Ionique, duquel sortent des gous-
ses qui entrent & se vont mesler parmy le contournement des vrilles, & à la liziere d'iceluy vase, faictes à Oualles, ne plus ne moins qu'vne
couppe goderonnée, & des billettes en son petit
quarré au dessoubs.

Ceste colonne Ionique se diuise en douze
parties, l'vne d'icelle soit donnée pour le diametre du troncq de la colonne par bas, puis vn d'i-
celuy diametre metre soit diuisé en six, vne auec
les douze diametres, sera la totale haulteur. La
deuxiesme colonne ou la corniche est enrichie
de modilions, se diuise en treze, vne d'icelle
partie sera le diametre diuisé en cinq C. D. trois
d'icelles

d'icelles auec le dou-
ze qui fera la haulteur
de la colonne d'icelle
partie. Encores elle fe
diuife en vne autre ma-
niere fans la ftilobate,
comme vous voyez
en la figure de la co-
lonne cy - deuant au
premier fueillet de
l'ordre Ionique. La
haulteur foit diuifée
en huict fans la ftiloba-
te. Puis vne d'icelle
partie ie le diuife en-
cores en huict , dont
fept d'icelles parties
font le diametre de la
colonne: chofe, à mon
aduis eftre toft abre-
gée, pour auoir le dia-
metre felon la haul-
teur que lon le veult
appliquer pour la di-
mention de leurs par-
ties. Or retournons à
la premiere mefure de
noftre colonne fuiuât
noftre figure: la haul-
teur du ftilobate aura
deux diametres du
du tronc de la colon-
ne par embas , puis
foit diuifé les deux dia
metres en fix parties,
l'vne d'icelles foit don-
née à la bafe du ftilo-
bate au poinct B. &
vne autre partie à la
corniche dudict ftilo-
bate, qui feront huict
parties pour ladicte
haulteur. La bafe de
la ftilobate foit diuifé
en trois parties, vne
partie pour le plin-
the au poinct B. Puis
diuifez le refte en
cinq parties, trois foiét
données à la fime: di-
uiferez la fime en fix
parties , vne d'icelles
fera le fillet deffus le
plinthe , le refte des
cinq parties qui font
deux foient diuifez en
trois, deux pour le to-
re , l'autre pour le fil-
let. La corniche d'en-

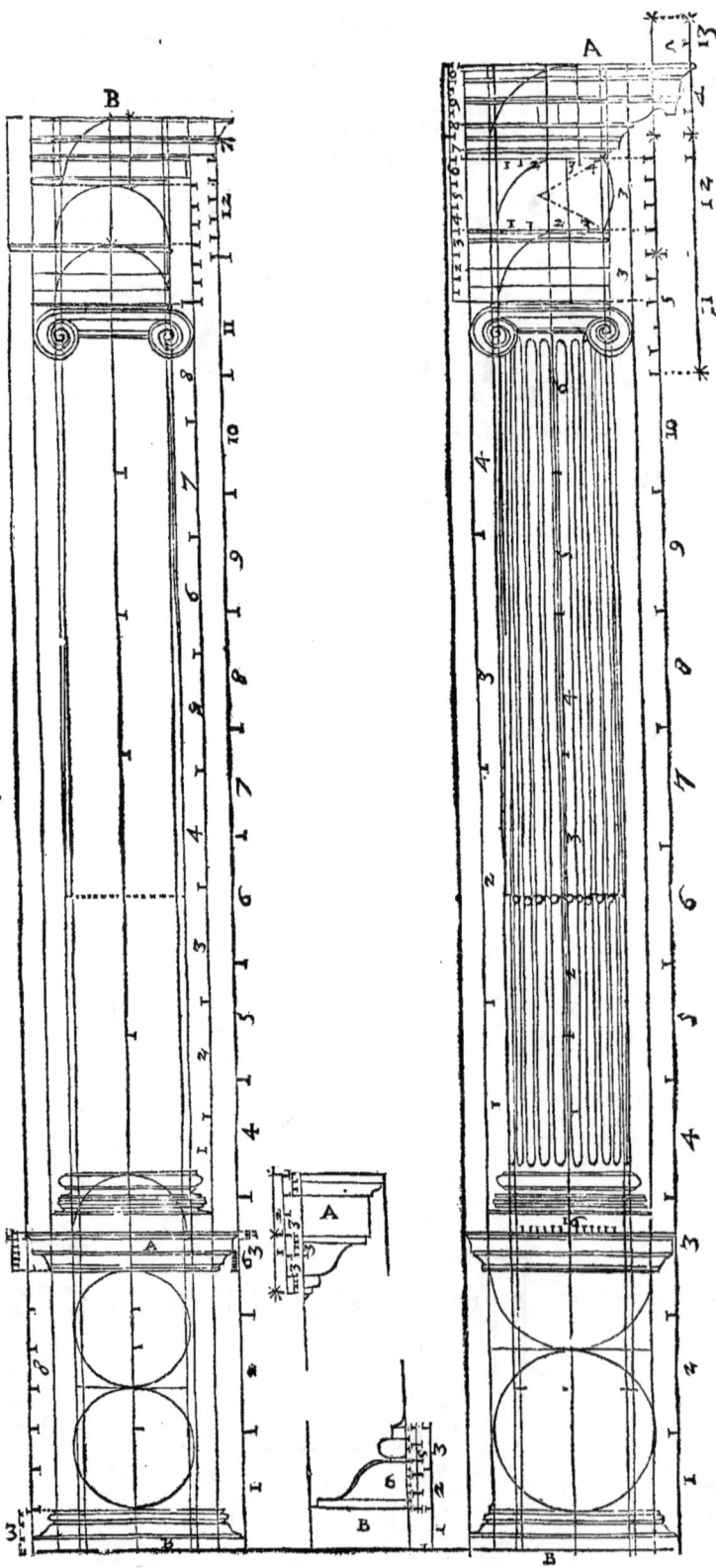

hault de la ftilobate au
poinct A. foit diuifée
en deux parties, dont
celle d'en hault foit di-
uifee en trois, deux
pour la face, la troi-
fiefme partie pour la
fime : l'autre partie
d'embas foit diuifée
en trois, deux pour la
fime, l'vne d'icelle foit
diuifée en trois, l'vne
partie fera le fillet, l'autre partie des trois fera
donné pour le tore de
deffoubs la fime. Cha-
cun membre doibt a-
uoir fa faillie, comme
voyez par la figure
marquée A. La haul-
teur de la bafe aura le
demy diametre du
troncq de la colonne
par bas : fa haulteur
foit diuifée en trois
pars, vne fera donnée
pour le plinthe : Puis
le refte depuis le plin-
the foit diuifé en trois,
l'vne d'icelle fera le tore fuperieur, le refidu
depuis le deffoubs du
tore iufques deffus
le plinthe foit diuifé
en fix parties efgalles,
les deux feront don-
nées pour les aftragal-
les du milieu, vne
pour le fillet de def-
foubs le tore, & la
moitié pour le fillet de
deffus le plinthe. Mais
les fillets ou lizieres
qui font deffus les e-
ftragalles eft vne moi-
tié qui eft deffoubs,
qui contient vne par-
tie entiere. La haul-
teur de la bande ou li-
ziere qui eft au deffus
du tore, fe faict en ce-
fte maniere : diuife la
groffeur de la verge
du troncq de la colon-
ne en douze parties.
vne demie d'icelle par-
tie fera pour la largeur
& faillies de la bande
ou liziere qui appar-

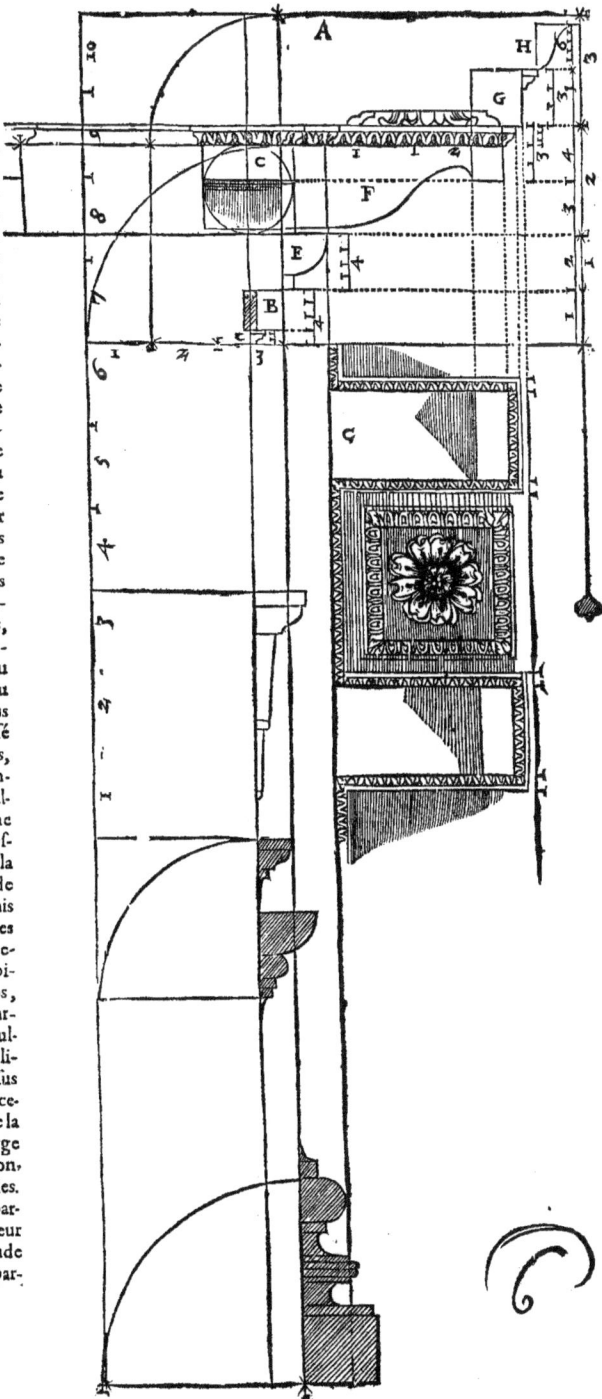

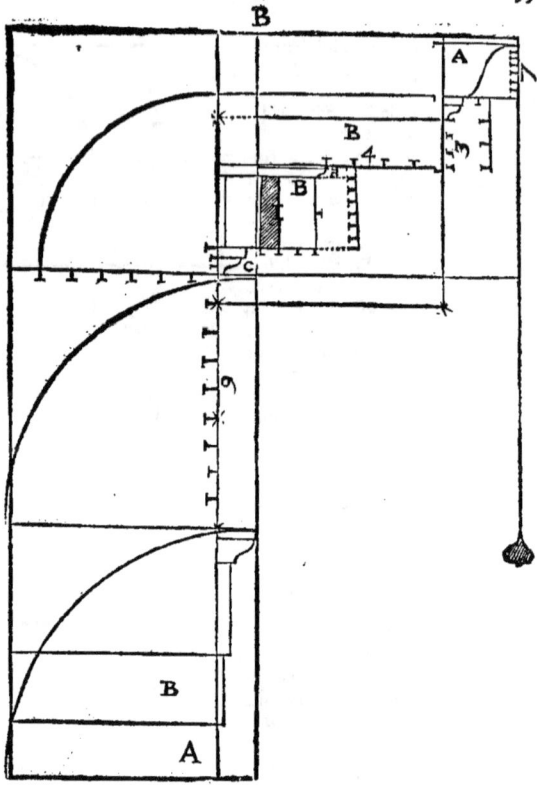

tient au tronc de la colonne. La
faillie des parties de chacun membre d'icelle bafe, fe fera ainfi qu'il
eft amplement noté en la figure
de la bafe Ionique cy deuant. Le
retreciffement de la verge de la colonne, fera d'vne part & d'aurre
d'vn douziefme partie : toutesfois vous ferez comme i'ay dict à
la Dorique felon leur haulteur.
Le haulteur du chappiteau Ionique doibt auoir la moitié du diametre de la colonne par embas:
toutesfois i'en ay trouué à l'anti-
que qu'ils ne portent que la moitié du diametre du hault de la colonne. Entre autres celuy du tea-
tre de la colonne de Marcellus.
Diuifez le diametre du troncq de
la colonne par bas en dix-neuf
parties, vne demie d'icelles pour
la liziere ou couuertoir, ou abac-
ques. La prochaine partie entiere
fera à la fime, deux pour la bande
ou face dont procede la volute,
deux à l'efchine, vne à l'eftragal-
le, vne demie pour le fillet, les
trois parties reftans font le refte
du demy cercle de la volute. La

faillie d'icelle volute aye autant de faillie comme la bafe du fillet ou liziere de deffus le plinthe.
Au milieu de l'œil de la volute des huict parties de la ligne perpendiculaire marquée A. foit
faict vn petit quarré de la largeur d'vne demie d'icelles dix-neuf parties, interfequans deux lignes diagonalles d'angles en angles, qui feront diuifez chafcun en fix parties. Puis foit tiré
vne ligne en angle, droict trauerfant le centre du petit quarré. Puis mettez la poincte du compas fur l'angle au poinct B. eftendez voftre compas iufques au poinct A. fur la ligne perpendiculaire, tournez voftre compas au poinct B. & mettez la poincte du compas au poinct C. à
l'angle du petit quarré, puis ouurez voftre compas iufques au poinct B. de la ligne de l'angle
droict, & puis tournez voftre compas iufques au poinct D. de la ligne perpendiculaire à D. &
vous aurez le demy cercle de la haulteur de la volute, qui font les huict parties: puis mettez
voftre compas fur le poinct E. de l'angle du petit quarré, ouurez le compas iufques au poinct
D. tournez voftre compas au poinct F. à la ligne de l'angle droict, trauerfant le centre du petit
quarré: puis mettez la poincte du compas à l'angle du petit quarré du poinct G. ouurez le compas iufques au poinct F. tournez voftre compas iufques au poinct H. Puis continuant le compas au points notez aux lignes diagonalles du petit quarré: comme B. C. E. G. vous aurez la volute tournée parfaictement bien, & bien facile à faire. La volute ainfi faicte, comme voyez à
la figure au deuxiefme fueillet de l'ordre Ionique. La faillie de l'efchine ou aftragalle, chafcun
membre aura fon quarré comme il eft noté à la figure du plan, & faire la cambture ou ferche
de la volute fur les coftez, ainfi que le demonftre le plan du premier fueillet de l'ordre Ionique
clairement deduict pour les faillies de chafcun membre. La haulteur de l'efpitille ou arquitraue, foit de la moitié du diametre de la colonne d'embas. Puis la haulteur foit diuifée en fept,
vne d'icelle foit donnée à la fime, que partierez en trois, l'vne fera pour le fillet, les fix pars reftans feront partis en douze, trois pour la face d'embas, quatre pour celle du milieu, & cinq
pour c'elle d'enhault. La faillie de la fime aura fon quarré, le refte fe fera ainfi qu'il eft noté à la
figure. La haulteur de la frize portera la moitié du diametre, comme celle de l'arquitraue. Puis
diuifez icelle haulteur en neuf parties, vne d'icelles foit donnée à la petite fime marqué C.

deſſoubs les dentilles, qui faut diuiſer en trois, le tiers eſt pour le fillet. La haulteur de la face ou ſe faict les dentillons deſſus la petite ſime, aura la haulteur eſgalle à la face du milieu de l'arquitraue marqué B. La ſaillie ſera ſa haulteur, la moitié de la haulteur d'vn dentillon ſera ſa largeur, & la largeur diuiſée en deux, fera l'eſpace d'entre deux dentillons. Au deſſus d'iceux dentillons ſera faict vne petite ſime de la haulteur d'vne ſixieſme partie d'vn dentillon: vne d'icelle diuiſée en trois, le tiers eſt pour le fillet, le reſidu eſt la petite ſime, qui doibt ſaillir en quarré. La couronne de deſſus la petite ſime ſera auſſi haulte que la face du milieu de l'arquitraue marqué B. Puis partiſſez ceſte haulteur en trois, ſera la petite ſime de deſſus. La ſaillie ou proiecture d'icelle couronne aura quatre parties des neuf de la frize. Deſſus la petite ſime ſera la corniche, qui ſera auſſi haulte comme la haulteur de la face moyenne de l'arquitraue marquée A. Puis partiſſez icelle haulteur en ſept, vne d'icelle ſera donnée au fillet: la ſaillie de la ſime aura ſon quarré. Il ſe faict vne autre diuiſion de corniche enrichie de modilions, dont la colonne A. ſe diuiſe en quatre parties y compris baſes & chapiteaux auec la verge, dont l'vne d'icelle partie ſoit diuiſée en dix, trois pour l'arquitraue, trois pour la frize, quatre pour la corniche. Et ſa haulteur d'icelle diuiſée en trois parties, la premiere ſoit diuiſée en deux, vne pour les dentillons B. qu'il faut diuiſer en quatre, trois d'icelles ſeront les dentillons, la quatrieſme ſera la petite ſime C. De deſſoubs les dentillons, la ſeconde partie eſt pour l'eſchine E. qui faut diuiſer en quatre, le quart eſt pour le fillet. La ſaillie de l'eſchine auec les denticules ſeront en quatre. Puis ſoit diuiſée l'autre partie en deux, qui ſont pour la haulteur des mutilles F. vne d'icelle ſera donnée à la couronne G. qu'il fault diuiſer en trois, le tiers eſt pour la ſime des mutilles, qui ſeront auſſi larges comme haultes, comme voyez par la figure marquée C. & leur ſaillie ſera deux fois la largeur. Le platfonds ainſi eſpaſſé, comme le demonſtre la figure. La ſime H. de deſſus la petite ſime de la couronne, aura la ſizieſme partie de toute la haulteur de la corniche, lequel faut diuiſer en ſix, vne d'icelle ſera donnée pour le fillet, la petite ſime le tiers de la couronne. Toute la ſaillie de la corniche ſera ſa haulteur, le tout ainſi qu'il eſt notté à la figure.

DE L'ARQVITRAVE QVI SE MET SVR LES CHAPITEAVX:
Enſemble des ſoliues, aix, tringles, modillons, tuiles plattes, faiſtieres, camellures, & autres particularitez qui s'appliquent ſur les colonnes.

STANs les chapiteaux poſez ſur les colonnes, on met l'arquitraue deſſus, puis les ſoliues, les aix & autres telles choſes conuenantes à faire couuerture. Mais en toutes ces particularitez les nations ſont fort differentes, ſpecialement les Ioniens d'auec les Doriens, & ce neantmoins ils conuiennent en aucunes parties. Car quant à l'arquitraue, ils le ſont de ſorte que iamais ſon eſquarriſſure d'embas ne paſſe le diametre d'enhault de la colonne, mais bien donnent-ils à la ſuperficie autant de large comme en porte l'empietement de ladicte colonne.

Nous appellons corniches les parties d'amont qui ont ſaillie au deſſus de l'arquitraue : & en celles-là le plaiſir des ouuriers antiques fut, qu'autant que chaſcune membrure ſeroit haulte, autant euſt-elle de forget. Dauantage ils voulurent faire ces corniches penchantes en deuant d'vne douzieſme partie de leur meſure, à raiſon qu'ils auoient trouué par experiences, que ſi on les tient toutes droictes, il ſemble à la veuë affoiblie qu'elles ſe reiettent en arriere.

Les Doriens firent donc leur arquitraue de non moindre haulteur que la moitié du diametre

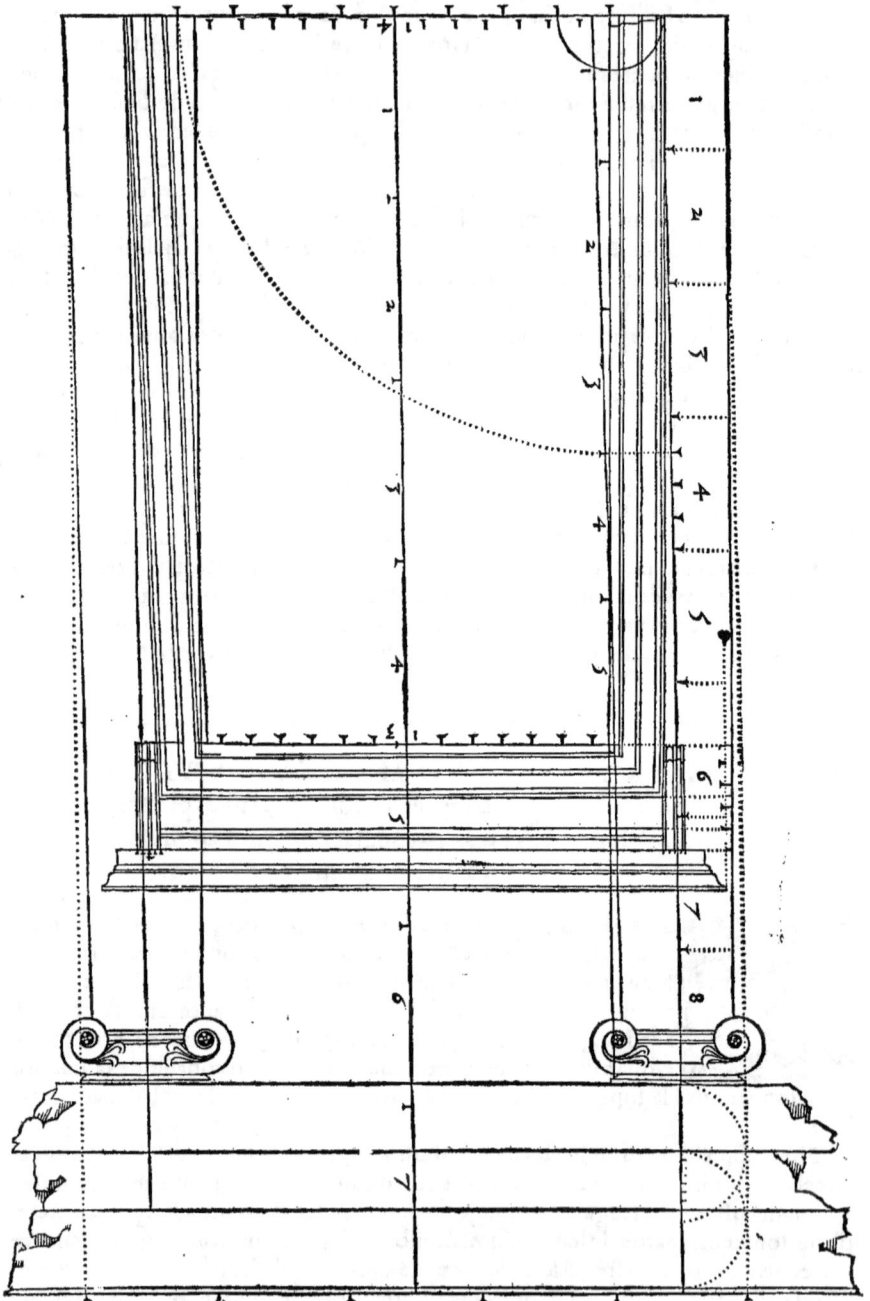

de la colonne par embas, & le partirent en trois faces, la plus baſſe deſquelles ils ornerent de certaines petites tringles, & chacune ayant ſoubs ſoy ſix fiches pour mieux arreſter les ſolíues dont les tenons entrans par mortaiſes iuſques outre la plus haulte partie de l'arquitraue, ſe venoient renger à l'encontre d'icelles tringles, & ce faiſoient- ils affin que ces ſoliues ne peuſſent r'entrer en dedans. Et eſt à noter que les ouuriers compartirent premierement toute ceſte haulteur d'arquitraue en douze modules, ſurquoy debuoient eſtre priſes toutes les autres meſures enſuiuantes. A la premie-

E iij

re ou plus baſſe partie ils luy donnerent quatre
modules, ſix à celle du milieu, & deux à la plus
haulte, puis de ces ſix de celle du milieu, la va-
leur d'vn eſtoit donnée à la tringle, & vn autre
aux fiches de deſſoubs. La longueur de ces tringles portoit douze modules, & l'eſpace eſtant
entre deux d'entre elles en comprenoit ſeulement dix-huict.

Sur les arquitraues s'aſſioient les ſoliues, dont
les fronts couppez en ligne perpendiculaire ou
à plomb ſe rettoient en dehors d'vn demy module en ſaillie. Leur largeur eſtoit correſpon-
dante à la haulteur du ſommier ſurquoy elles
poſoient, & auoient de hault vne moitié toute
entiere plus que ledict ſommier, ſi que cela
montoit à dix-huict modules. Au front ou face de ces ſoliues ſe marquoient en ligne perpé-
diculaire trois entailleures eſgalement diſtan-
tes, & traſſees à l'eſquierre, dont l'ouuerture
comprenoit vn module : & depuis leurs viues
areſtes retournant en dedans, cela eſtoit rabaiſ-
ſé en bizeau iuſques à demy module de chaſcun coſté. L'eſpace concaué entre deux de ces
ſoliues (s'il falloit faire l'ouurage riche) ſe rem-
pliſſoit de tables eſgalement larges, & le milieu
de ces ſoliues reſpondoient iuſtement aux cen-
tres des colonnes à elles ſuppoſées. Mais (comme nous auons deſia dit) les bouts d'icelles ſoliues paſſoient outre la face de muraille d'vn demy module ſeulement, & leſdictes tables placquées entre deux reſpondoient à la viue areſte
de la molure du ſommier qui les ſouſtenoit.

En ces tables eſtoient taillées des teſtes de
bœuf, des baſſins, ou telles autres fantaſies : &
ſur les bouts d'enhault des ſoliues, meſmes ſur
icelles tables, ſe met-toient des trigles larges de
deux modules, pour ſeruir des cymaiſes. Puis
cela deſpeché, s'appliquoit par deſſus vne liziere làrge de deux modules, en quoy eſtoit taillée
vne doulcine. A l'oppoſite par dedans œuure ſe
metoit le paué, iuſques à la haulteur de trois
modules, dont vne des parties eſt faicte à oual-

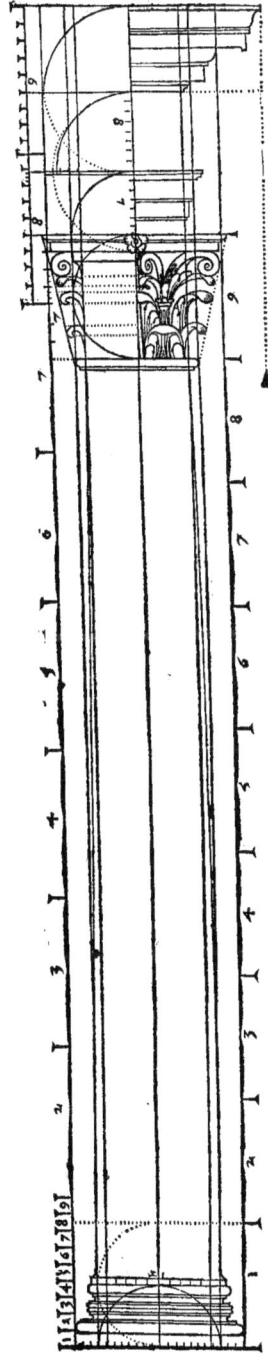

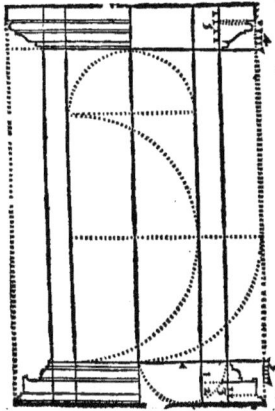

les, pour reprefenter (à mon aduis) les cailloux du paué, qui efboulent aucunefois par trop grande redon-
dance de mortier.

Encores par deffus tout cela y mettoient-ils des modillons, auffi larges que les foliues, & auffi hault que
le paué, mefmes refpondans piece pour piece en ligne
à plomb de chafcune foliue : mais ils auoient douze
modules de faillie, & eftoient leurs fronts entaillez en
lignes perpendiculaires, garnis de cymaifes & goules
droictes ou canaulx, chacune defquelles goules portoit vne moitié & vn quart de fon modillon. Dedans
les plats-fonds qui fe monftroient pendans fur iceulx
modillons, les ouuriers y faifoient des rofaces, ou des
fueilles de Branque vrfine, & autres enrichiffemens à
leur plaifir.

Par deffus lefdits modillós fe pofoit le linteau conte-
nát quatre modules, cópofé d'vne platte-bande, d'vne
cymaife & d'vne doulcine, laquelle auoit pour fa part
vn module & demy. Puis s'il falloit y mettre vn frontifpice, il s'accordoit auec la corniche, par fpecial fur
les angles, ou toutes les moulures fe rapportoient les
vnes auec les autres, fi bien qu'il n'y auoit à redire.
Toutesfois encores differoit ce frontifpice d'auec les
corniches, que iamais on ne mettoit de larmier en fa
haulte membrure, ains n'y faifoit on feulement en ouurages Doriques, parfois vne cymaife ou doulcine
portant quatre modules d'efpoiffeur. Mais fes corniches qui ne deuoient eftre couuertes de frontifpices,
on y mettoit bien ce larmier : & de ces frontifpices,
i'en traicteray tantoft. Voyla comment les Doriens en
firent.

Quant aux Ioniens, ie fuis d'aduis que par bonne
raifon ils ordonnerent que fur haultes colonnes l'arquitraue feroit de plus grande efpoiffeur, mais qui le
vouldra faire de la forme Dorique, ce ne fera finon
que bien faict. Toutesfois voicy qu'ils en conclurét.
Si les colonnes furquoy il poferoit, deuoient porter
vingt pieds de hault, il falloit partir cefte haulteur en
treze, & luy en donner l'vne. S'ils en deuoient auoir
iufques à vingt & cinq, il leur en conuenoit vne douziefme : fi trente, vne vnziefme : & ainfi confequem-
ment.

Or cet architraue Ionique doit eftre de trois pie-
ces, non compris la cymaife, & celles-là fe doiuent diuifer en neuf, dont ladicte cymaife en doit emporter
deux : & pour moulure aura vne doulcine. Apres ils
diuiferent encores en douze ce qui eftoit foubs la cymaife, & en donnerent trois mefures à la partie d'embas, quatre à celle du milieu, & cinq à la plus haulte,
amortiffant foubs icelle cymaife.

Si eft-ce pourtant qu'aucuns d'entr'eulx ny voulu-
rét point de cymaife deffus leur arquitraue : mais d'autres en voulurent bien : quelques vns auffi fe conten-
terent d'vne goule droicte, portant fans plus vne cin-
quiefme partie de fa platte-bande : & les autres d'vn
petit quarré n'ayant qu'vne feptiefme. Au moyen
dequoy vous trouuerez parmy les œuures des antiques, ces moulures changées ou meflées, fuiuant
les raifons de diuerfes manifactures, lefquelles ne

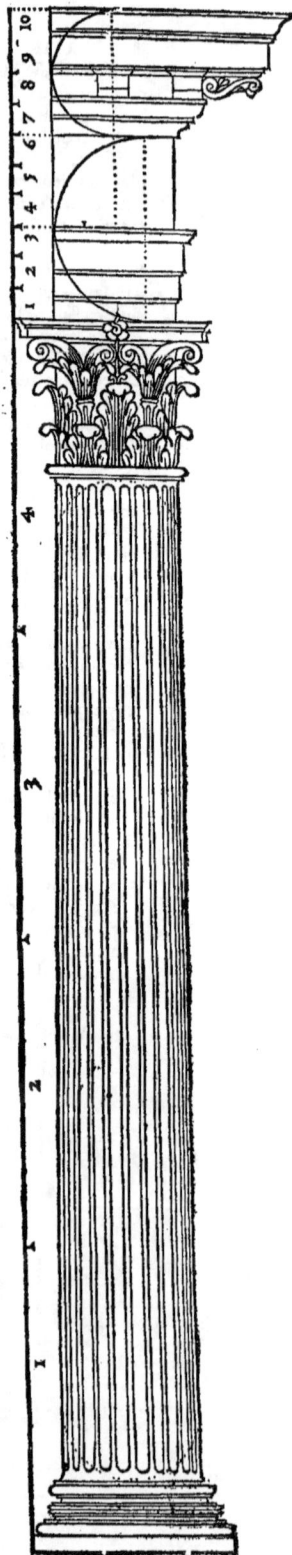

font à blafmer: ce neant-
moins entre toutes les autres , il femble que touf-
jours ayent plus eftimé
l'arquitraue de deux ban-
des que de trois : & de ma
part ie le tiens pour Dorique , pourueu qu'on en
ofte les tringles & les fiches. Et voicy comme ils
le faifoient.

Toute fa haulteur eftoit
par eux partie en neuf
modules , dont ils don-
noient l'vn à la cymaife
auec deux tiers de ce mo-
dule.

La platte-bande moyen-
ne en auoit trois , auec
femblablement fa tierce,
puis la plus baffe empor-
toit le refte. Celle cymaife
auoit pour fes moulure
vn canal ou naffelle, côpre
nant la moitié de fon efpace , eftoit d'vn cofté gar-
nie d'vn petit quarré , &
d'vn bozel ou membre
rond de l'autre.

Plus en la platte-bande
du milieu fe metroit def-
foubs le bozel, vn fillet en
lieu de cymaife , lequel
portoit la huictiefme partie de toute la fufdicte
platte-bande: & à celle de
deffoubs, eftoit faicte vne
goule droicte, portant la
troifiefme partie de fa largeur. Deffus cet arquitraue ils pofoient leurs foliues, mais les bous ne s'en
monftroient point ainfi
qu'é l'ouurage Dorique,
ains les coupoient dans le
maffif , puis les recou-
uroient d'vne table conti-
nuelle, que ie nomme bâ-
de royale, laquelle s'vnif-
foit à niueau de la face ex-
terieure de la muraille, &
portoit autant de hauteur
que tout le corps de lar-
quitraue eftant fouz elle.
En fa fuperficie ils y tail-
loient des vafes, ou autres
chofes appartenantes à fa-
crifice, mais par efpecial
des teftes de bœuf difpo-
fées par interualles, dont
les cornes eftoient char-
gées

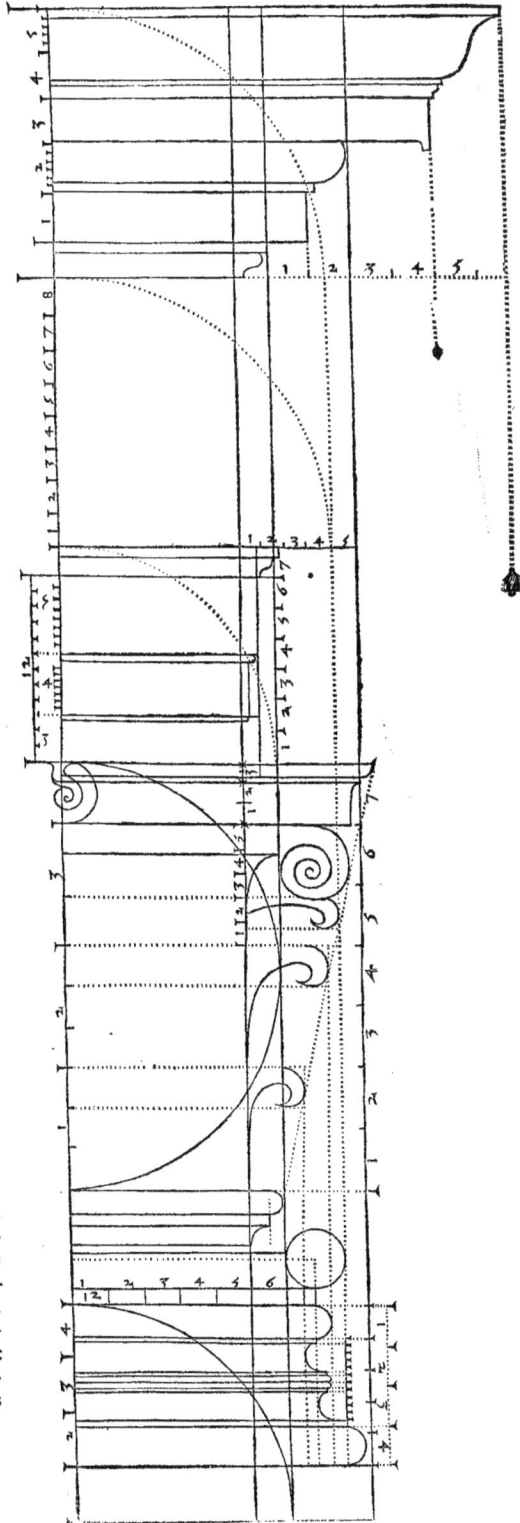

Cet ordre corinthe est faicte en marbre, & est au dedans du Pantheon, autrement dit la Rotonde à Rome. I'ay bien voulu mettre icy par escript les haulteurs des principaux membres de ceste colonne, pour monstrer seulement la maiesté de ces excellens ouuriers en leurs œuures.

La haulteur de la corniche, deux pieds vnze poulces vne ligne.

La haulteur de la frize deux pieds trois lignes & demie.

La haulteur de l'arquitraue deux pieds trois poulces sept lignes.

La haulteur du chapiteau, trois pieds huict poulces.

La haulteur de la verge de la colonne à vingt cinq cinq pieds dix poulces cinq lignes, depuis la bande ou liziere d'embas iusques à l'estiagal au dessus, en y comprenant ladicte liziere ou bande d'embas.
Le tron de ceste colonne par bas a de diametre a trois pieds deux poulces vnze lignes.
Le diametre du bout d'enhault de ladicte colonne, deux pieds dix poulces dix lignes.

La haulteur de la basse vn pied quatre poulces vne ligne.

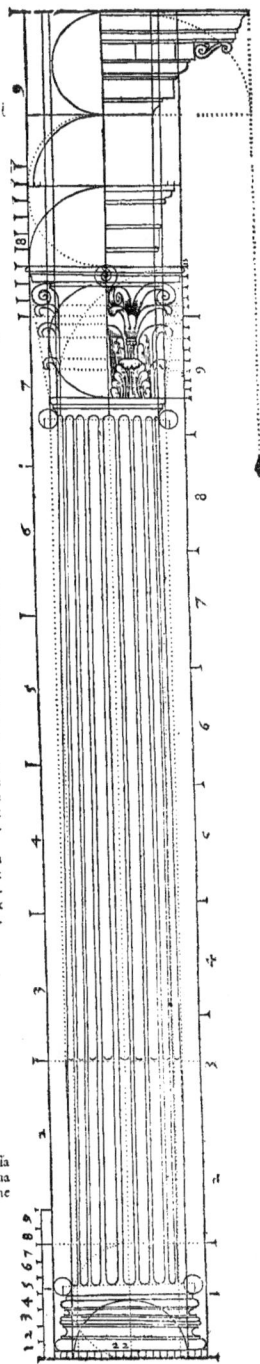

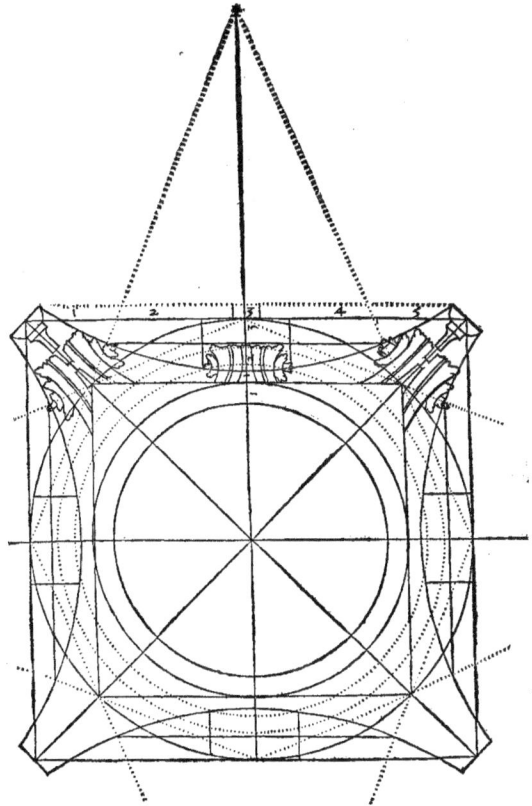

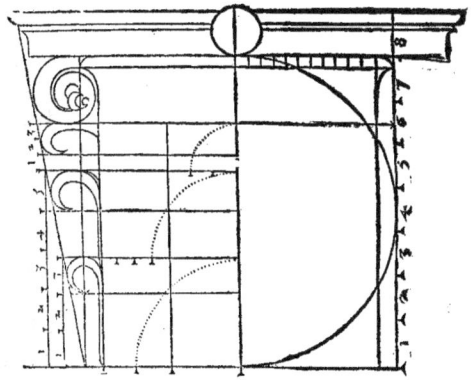

géces de festons à fruicts & à fueilles qui pendoient d'vn'costé & d'autre. Au dessus de ceste bande royale ils y mettoient vne cymaise, qui n'auoit que la largeur d'vne doulcine portant quatre modules pour le plus, & trois pour le moins. Apres ils asseoient les aix pour porter le paué, lesquels auoient de saillie vn degré comprenant quatre modules d'espoisseur: & sur iceulx aucuns ouuriers formerent des bretures, en guise de plinthe faicte à lasye: mais d'autres les voulurent aussi tous vniz, comme passez soubs le rabot. Puis sur ces aix pose-

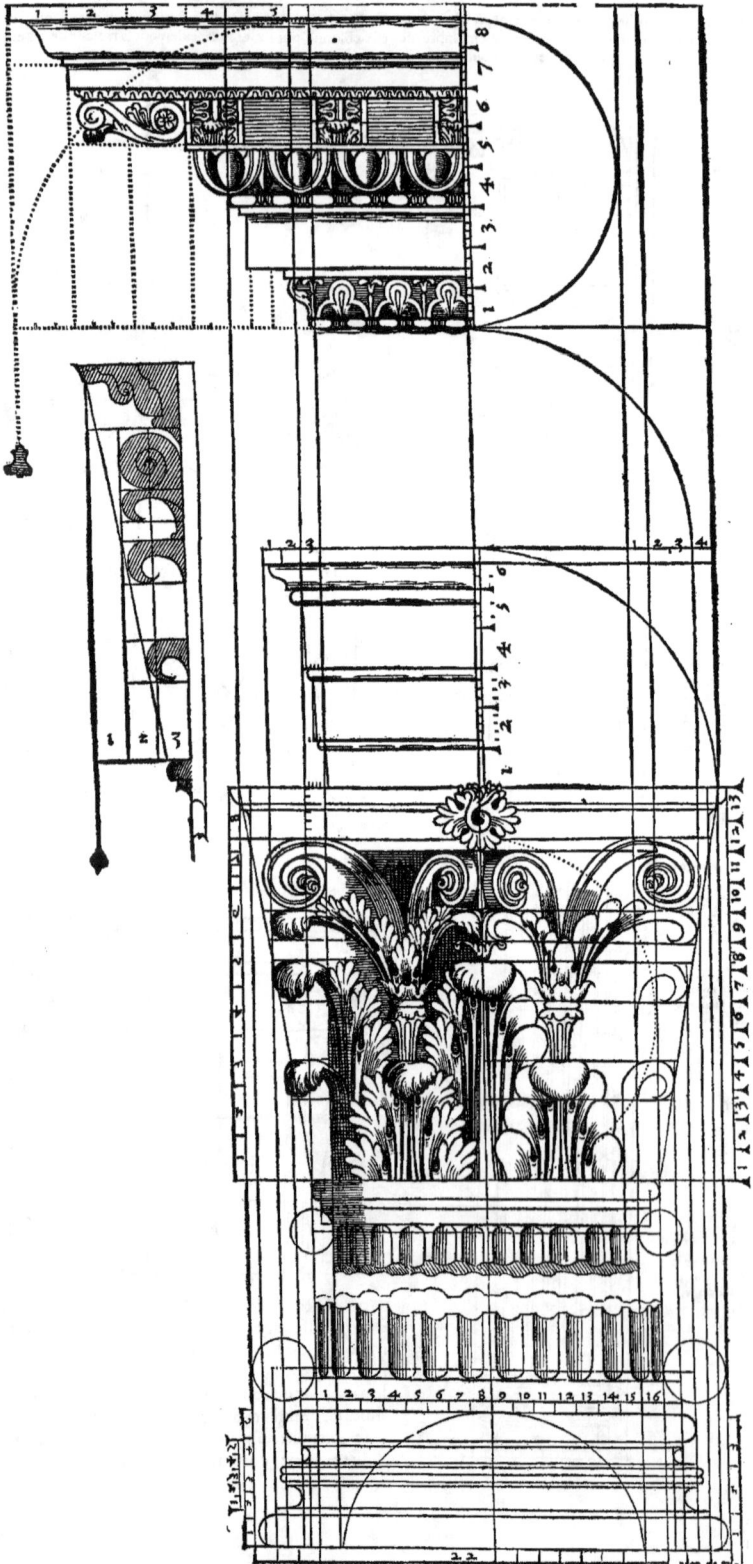

ORDRE CORINTHE DV DEDANS DV PANTHEON,
AVTREMENT DIT LA ROTONDE A ROME.

43

rent le paué, ou des foliues en trauers, dont les modillons auoient conuenable faillie, & portoit chafcun trois modules d'efpoiffeur. Les vuides des entre-deux defquels eftoient ornez d'oualles. La platte-bande regnant deffus, & feruant de fronteau, auoit quatre modules de haulteur: & l'autre encores eftant plus hault couurant & gardant de la pluye les bouts d'iceux modillons, comprenoit de largeur fix modulles & demy. Les moulu-lures qui les paroient, & furquoy s'efcouloit la pluye, auoient deux modules en haul-teur: & n'eftoient compofées fors que d'vne goule ou module. Pour l'accompliffement de tout, il y auoit vne doulcine de trois modules ou quatre pour le plus, en laquelle tant les Ioniens que les Doriques appliquoient des teftes de lyon, pour feruir de gargoules à ietter les eaux. Mais ils prenoient garde fur tout à ce que lefdictes eaux couflant à bas ne moüillaffent les hommes entrans au temple ou en fortans, ou quelles ne retournaf-fent en dedans: & à ces fins eftouppoient les gargoules, dont ce fuft peu enfuiure telle incommodité.

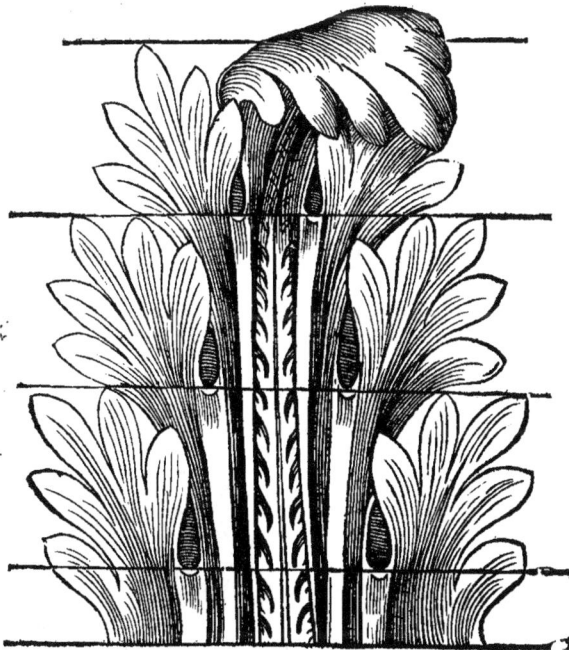

Au regard des Corinthiens ils n'adioufterent aucune chofe à l'œuure des fommiers & leurs trauonaifons, fors feulement qu'ils ne recouuroient point les modillons ainfi que les Ioniens, & n'y faifoient point de trigliphes comme les Doriens, ains les ornoient fans plus d'vne doulcine par le bout d'enhault, & leur donnoient autant d'efpace entre l'vn & l'autre, qu'ils auoient de faillie hors la muraille: & en tout le refte des moulures fuiuoient iceux Ioniens.

Et ne ferá que bon de parler de l'origine des pieds d'eftal, ces excellens Architectes, leur aduint que ne trouuant toufiours pierres affez longues pour leur affaire, furent con-traints de mettre en leurs ouurages des colonnes plus petites que le debuoir : mais voyant que cela n'auoit la grace qu'ils euffent bien voulu. Raifon leur apprint à mettre des pieds d'eftal deffoubs, affin de les conduire à la haulteur requife. Apres auoir con-templé & prins garde aux ouurages, ils trouuerent euidemment que les colonnes n'e-ftoient gueres plaifantes ez portiques, fi on ne les leuoit à certaine haulteur, & qu'elles ne fuffent de mefure conuenable. A la verité qui fe peult paffer d'y en mettre, la tige de la colonne en eft bien plus plaifante & fuperbe.

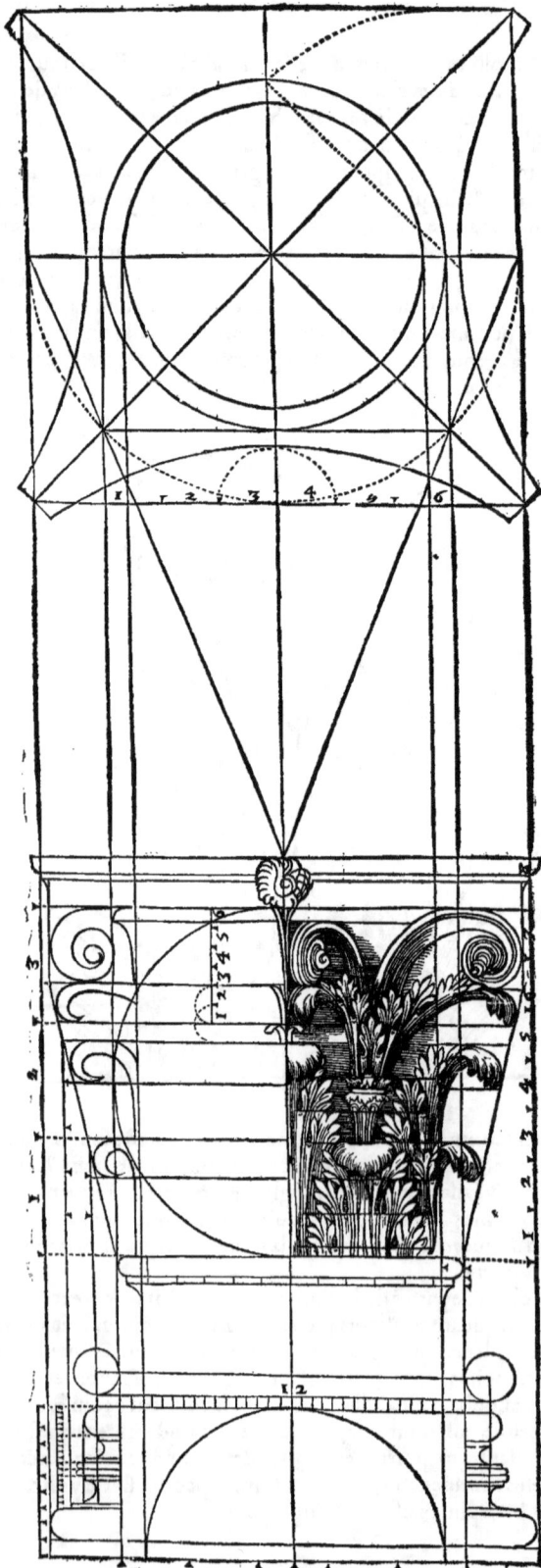

1 2 3 4 5 6

Les tiges de ces colonnes expofées en l'air
ouuert, fe monftrent beaucoup plus menuës que celles qui font en lieu fombre : &
plus font elles canelées, plus fe rendent elles
des coings toufiours plus maffiues ou plus
canelées que les autres, puis qu'ainfi eft que
elles font plus fubiectes à la lumiere. Ces
caneleures fe font ou tout du long de la colonne, ou en tournant ainfi qu'vne limaffe :
Mais les Doriens les font volontiers en
montant droict à mont : & celles-là entre
les Architectes fe nommoient couftumie-
rement ftries. Vray eft, qu'iceulx Doriens
n'en mettoient iamais plus de vingt fur vn
corps de colonne : mais toutes les autres nations y vouloient vingt-quatre, combien
qu'aucuns diftinguoient ces caneleures par
vne liziere ou quarré entre-deux, laquelle
ne portoit moins d'vne tierce partie, ny plus
d'vne quarte en largeur du vuide d'vne des
caneleures qui fe cauoient toufiours en demy rond : & quant aux Doriens, ils n'y faifoient point de liziere, ains les menoient à
vne arefte, & le plus fouuent toutes plaines, & s'il aduenoit qu'ils les creufaffent,
c'eftoit fans plus de la quarte partie d'vn cercle, encores les areftes s'entretouchoient.
Aucuns auffi empliffoient de rudentures la
tierce partie des Stries, refpondant deuers
l'empietement de la colonne, & ce pour
donner ordre que les areftes interpofées ne
s'en rópiffent pas fi toft, ains fuffent moins
fubiectes à tous heurts.

Certainement la caneleure qui eft menée
tout au long de la colonne depuis le bas
iufques au hault, faict que la tige s'en mon-
ftre beaucoup plus groffe. Mais celle qui
tourne en limaffe, contrainct la veuë à varier : toutesfois tant plus fera fa façon ap-
prochante de la ligne perpendiculaire, plus
en apparoiftra la colonne maffiue.

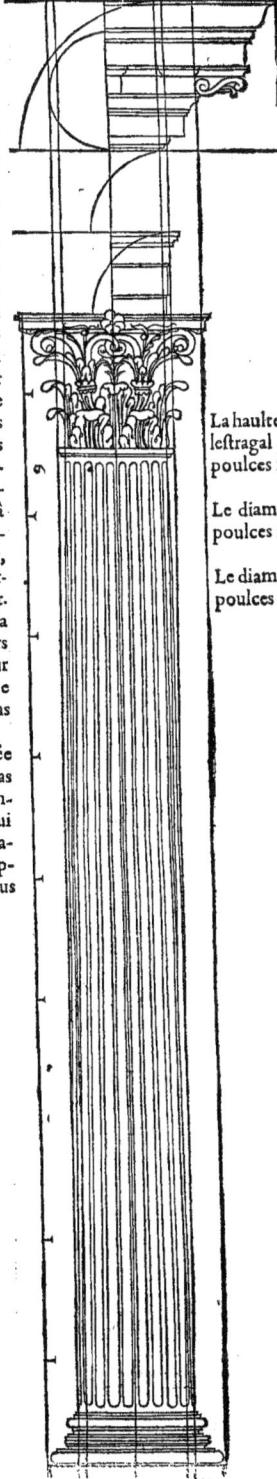

pitolle au colifée faicte de
marbre, & n'eft demeuré entier en nombre que de trois,
qui fe peuuent voir à pre-
fent, & pour confiderer feulement la maiefté de fes hauteurs, ie les ay mis icy par ef-
cript pour leurs principaulx
membres.

La haulteur de cefte colonne, y compris à
leftragal par hault a trente fix pieds quatre
poulces fept lignes.

Le diametre par embas quatre pieds trois
poulces fept lignes.

Le diametre par en hault, trois pieds huict
poulces huict lignes.

La haulteur de la corniche quatre pieds vnze poulces deux lignes.

La frize a de haulteur trois pieds quatre lignes.

Larquitraue a de haulteur trois pieds.

Il suffira du reste des membres & faillie, car ils sont rous reduicts par mesure comme voyez.

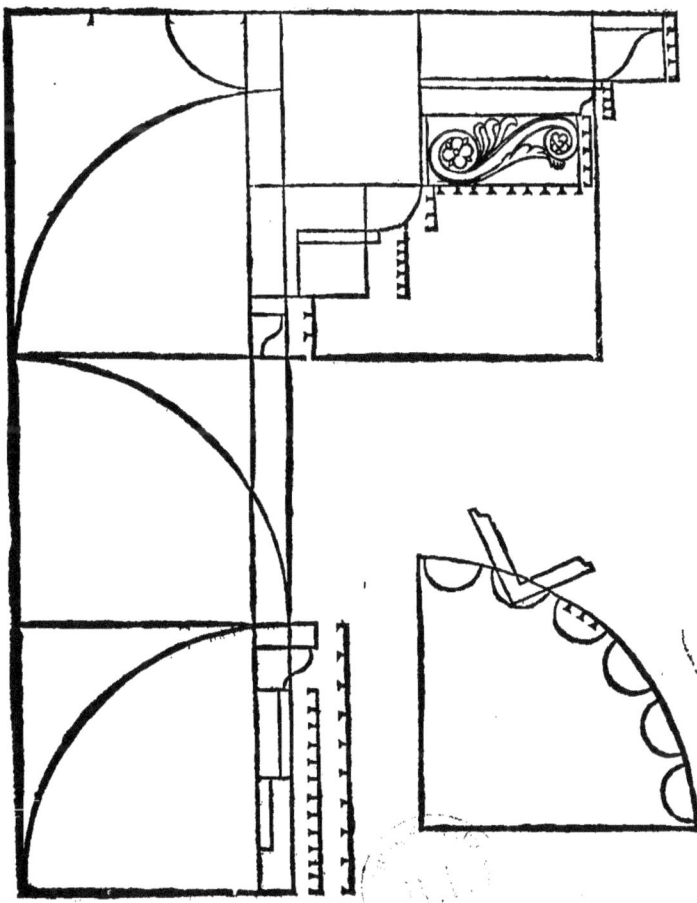